TU
RELACIÓN
CON LA
COMIDA
HABLA DE TI

Diseño de portada: Editorial Sirio, S.A.

©   de la edición original
     2019 María Díez Querol

©   de la presente edición
     EDITORIAL SIRIO, S.A.
     C/ Rosa de los Vientos, 64
     Pol. Ind. El Viso
     29006-Málaga
     España

www.editorialsirio.com
sirio@editorialsirio.com

I.S.B.N.: 978-84-17399-96-2
Depósito Legal: MA-927-2019

Impreso en Imagraf Impresores, S. A.
c/ Nabucco, 14 D - Pol. Alameda
29006 - Málaga

Impreso en España

Puedes seguirnos en Facebook, Twitter, YouTube e Instagram.

SUMATI

TU RELACIÓN
CON LA COMIDA
HABLA DE TI

Una guía para mujeres
que desean indagar sobre cómo comen,
identificar el hambre emocional
y conectar con su esencia

Prólogos de
Montse Bradford y Fernando Diez

EDITORIAL
SIRIO

A mis padres, Aika y Baba.
A mis hermanas, Chandra y Danai.
A mi compañero, Eladio.
Por vuestro apoyo y amor.

Índice

ÍNDICE DE TABLAS Y FIGURAS

Prólogo I

Sumati es una mujer sabia. La sabiduría es la mezcla del conocimiento con la experiencia y la verificación práctica; por tanto, esta obra constituye un valioso libro de referencia. El tema que expone está muy poco comprendido en la sociedad actual. Muchas personas padecen a diario conflictos con los alimentos. Se sienten culpables porque piensan que hay algo erróneo en ellas, y su relación con la comida se convierte en un problema. Piensan que tienen demasiados antojos, que sufren ansiedad, que no pueden parar de comer, y no ven ningún camino de salida.

La alimentación está poco valorada hoy en día; muchos piensan que tan solo hay que comer cuando se tiene hambre –lo que se tenga más a mano–. Y, guiados por los sentidos o las emociones, no se cuestionan los efectos de lo que ingieren.

También, a escala colectiva, podríamos decir que usamos la alimentación y las bebidas de forma inconsciente para «tapar» realidades que no nos gustan de nuestro presente o evadirnos de ellas, aunque sabemos muy bien que, si hay un conflicto, el hecho de comer o beber en exceso no nos ayudará a solucionarlo.

Además, recibimos un bombardeo de información muy contradictoria, al que los medios de comunicación contribuyen en gran medida. En muchas ocasiones, esto hace que la persona experimente una gran confusión y falta de conocimiento interno sobre las cuestiones alimentarias.

Afortunadamente, poco a poco vamos descubriendo que con el proceso de comer se va generando un determinado pH sanguíneo, las características del cual darán lugar a la salud o a la enfermedad, al equilibrio o desequilibrio en nuestros órganos y sistemas, a la paz y armonía en nuestro interior o bien a la ausencia de las mismas.

Sumati, paulatinamente, desarrolla los temas de cada capítulo de forma lógica, coherente, llena de sentido común, fácil de entender y con paso seguro, para que el lector pueda ir absorbiendo e implementando de forma amena los contenidos.

Este libro se desarrolla en varios niveles:

- **Práctico**: Nos ofrece un plan de vida y de alimentación sana que podemos poner en práctica en nuestro día a día.
- **Intelectual**: Nos proporciona información científica, sólida y didáctica.
- **Emocional**: Desde el amor, Sumati ayuda al lector a explorarse con profundidad, a entender qué le está pasando.
- **Más allá del cuerpo físico**: Las técnicas y prácticas yóguicas incluidas (más las asociadas que se encuentran en la web) constituyen una práctica integral y completa que nos permite encontrar nuestro equilibrio y paz interior.

Personalmente, encuentro que una de las partes más valiosas e impactantes que ofrece este volumen es el cuaderno de campo. Después de cada tema, hay una serie de ejercicios y preguntas que inducen a la reflexión y nos ayudan a explorarnos con ternura, aunque también con objetividad y precisión.

Este libro es como un buen amigo que nos quiere incondicionalmente, que nos apoya, que sabe perfectamente lo que necesitamos porque nos conoce muy bien, que está muy cerca de nosotros y nos pregunta con dulzura y sin juicios, que nos orienta hacia nuestro interior para que podamos finalmente descubrir nuestra LUZ.

Es un volumen para personas valientes, que deseen conocerse, que quieran mejorar su vida en general, retarse y crecer espiritualmente. Dependiendo del momento, el lector querrá leerlo deprisa o despacio. Yo recomendaría que lo fuera haciendo paulatinamente, poco a poco; así podrá explorarse y conocerse con la ayuda de esta parte tan brillante y valiosa que son los ejercicios personales incluidos en el cuaderno de campo.

En estos ejercicios hay muchísima riqueza; constituyen un reflejo incuestionable de una práctica real, de una madurez y un aprendizaje vital. El libro incluye enfoques propios del yoga (Sumati es profesora de esta disciplina) que dan a la obra un toque global y holístico.

Si nos conocemos mejor, y creamos un espacio de armonía y comprensión, podremos entender mejor el sentido de nuestra vida.

Te recomiendo esta lectura porque te ayudará a descubrirte. Así podrás andar con paso firme por el camino de la autotransformación.

Paz y luz,

MONTSE BRADFORD

Prólogo II

Tu relación con la comida habla de ti es un compendio, una síntesis, una puesta al día de la mayor parte de los conocimientos, teóricos y prácticos, que se tienen en la actualidad sobre las ciencias de la salud. Sumati analiza todos los temas que plantea tanto desde una perspectiva científica reduccionista como desde un punto de vista global o integral, incluso holístico, ya que no aborda solamente el bienestar del organismo físico, la forma en que lo alimentamos y tratamos, sino también la interconexión de ese bienestar físico con el resto de la personalidad, es decir, con el mundo psicológico y espiritual.

Sumati hace una radiografía muy didáctica de todo el proceso al que está sometido nuestro sistema biológico —y químico—, desde que olemos y vemos la comida hasta su transformación final en los nutrientes que vitalizan no solo los diversos órganos físicos, sino también los psicológicos. Sumati investiga muy a fondo la relación existente entre nuestras formas de comer y de ser.

El yoga, la meditación, la respiración y otras prácticas hindúes han ocupado una parcela importante de lo que podemos llamar ciencias de la salud. Nadie que las haya practicado con cierta constancia puede negar su beneficioso efecto en la salud global. Por eso, aunque la parte fundamental del texto esté centrada en la alimentación, Sumati da también mucha importancia al yoga, y, además, expone lo esencial de su filosofía de forma comprensible.

Dado que el yoga, en sus distintas formas, ha llegado a Occidente para quedarse (más bien habría que decir que fuimos nosotros, los occidentales, los que fuimos a buscarlo), me parece conveniente que quien lo vaya a practicar tenga una cierta idea de lo que es realmente, de su procedencia, de su trayectoria histórica, de cuáles son sus textos y cuál es su finalidad.

El yoga es la terapia más antigua de la humanidad. Se practica en la India desde el siglo XX a. C. El Rig Veda (siglos XV - XIV a. C.) menciona a unas apartadas sectas que realizaban «extrañas prácticas psicofísicas». Los biógrafos de Alejandro de Macedonia relatan, en el siglo IV a. C., el encuentro de este con unos yoguis en el Punjab, a los que denominan *gimnosofistas*. La palabra *yoga* aparece por primera vez en la historia en el Svetasvatara-upanisad (siglo V a. C.) con el sentido de *meditación*, y pasó a adquirir otros significados en el Bhagavad Gita (siglo IV a. C.) o en los *Yoga sutras* de Patanjali (siglo III a. C.); estos últimos han dado lugar a los distintos yogas (*karma*, *bakti*, *raja* y *gnani*). En todos los casos, la palabra *yoga* siempre ha hecho referencia a cualquier tipo de trabajo sobre uno mismo encaminado a conocer la esencia última del ser humano. Los textos jamás han manifestado que *yoga* significara 'unión', como tanta gente piensa, sino que denota una separación entre el espíritu (la conciencia) y el mundo, para que el primero pueda comprender quién es realmente, de acuerdo con la finalidad de todas las filosofías indias. Básicamente hay cuatro yogas, los mencionados; cada uno es adecuado para un tipo de buscador: emocional, racional, voluntarioso, estudioso o devoto.

Mucho más tarde, alrededor de los siglos XIII y XIV d. C., sale a la luz un nuevo yoga, con sus textos (el *Gorakshasataka* y el

Hathayogapradipika), que vienen a tratar algo que los yogas anteriores, centrados exclusivamente en los aspectos espirituales, no habían tratado: el desarrollo y la optimización de las capacidades psicofísicas. Esta nueva modalidad es el *hatha* yoga.

En la actualidad, como consecuencia de la difusión tan extraordinaria que han adquirido estas prácticas, y de la revalorización del concepto *salud* como algo integral que incluye la mente y el cuerpo, a lo que se añade, incluso, una aspiración espiritual, han aparecido lo que bien podríamos denominar nuevos yogas: el de la alimentación, el de la gestión emocional, el de la atención y la concentración, etc. Se ha intentado unificar todos ellos en un «nuevo» yoga que incida en todos los aspectos de la vida. Este yoga novedoso pretende sintetizar, actualizar y humanizar los yogas tradicionales; quiere desvincularlos de la rigurosa ascesis oriental, tan ajena al carácter occidental, y hacerlos accesibles para la gente a través de una serie de prácticas y modelos de conducta.

Tu relación con la comida habla de ti parte de una premisa fundamental: la máxima *somos lo que comemos* no es cierta solamente en el ámbito físico, sino también en el emocional y mental. Si cambiamos nuestra forma de «nutrirnos», nosotros también cambiaremos. Y viceversa: si nosotros cambiamos, también lo hará la forma en que nos nutrimos.

Este nuevo «yoga», básicamente integral, que este texto estudia con una profundidad y un rigor muy notables (con la ayuda de unos contenidos asociados incluidos en Internet), armoniza nuestras diversas formas de existir (física, emocional y mental). Estas condicionan las posibilidades latentes que todos tenemos de alcanzar un grado de serenidad suficiente: aquel que permite vivir la vida con alegría, energía y buena voluntad.

Nadie que lea este libro saldrá «indemne». El texto de Sumati resulta muy convincente gracias a lo bien planteado que está y a la cercanía que muestra hacia el lector, al que se ve como un amigo. Estoy seguro de que quien lo lea se sentirá motivado a emprender cambios en su vida y a actualizar sus aspiraciones, porque, como dice Sumati, «vale la pena intentarlo».

FERNANDO DIEZ,
músico, escritor e indólogo

Parte I
¿PARA QUÉ COMO?
Agua

En la sed que sacias,
en tu fluir, en tu pureza,
haces transitar la vida.
En la sed de permanente cambio,
de presente perpetuo o futuro no pendiente,
tu fluir lo llena todo plenamente.
¡Oh, agüita bendita!
Manantial siempre corriendo,
discurriendo de dentro afuera
y de fuera adentro,
abrazando nuestras almas...
Ahora que tú eres aire,
haces danzar al viento.
¡Oh, agüita bendita!

Eladio J. Verdú

«Lo blando es más fuerte que lo duro; el agua es más fuerte que la roca; el amor es más fuerte que la violencia».

Hermann Hesse

Introducción

¿*No es sorprendente que nazcamos de la unión de un óvulo y un espermatozoide? ¿Que seamos capaces de hablar y comunicarnos a través del lenguaje? ¿Que incluso podamos sentir lo que siente otra persona a través de la empatía?*

Somos una máquina muy compleja, un sistema extremadamente refinado que responde fielmente a unas leyes universales.

El ser humano se ajusta, en su forma de actuar, a tres instintos primarios: el de conservación, el de perpetuación y el de superación. Los dos primeros los compartimos con los animales y nos aportan las dos fuerzas más potentes de las que disponemos: la de supervivencia y la energía sexual. Ambas pueden activar desde los sentimientos más primarios —lo que tenemos de animal— hasta lo más refinado —lo espiritual—.

El instinto de conservación hace referencia a la supervivencia, a la búsqueda de seguridad y de cobijo..., es decir, a las necesidades más primarias. Genera la necesidad de comer, descansar, beber y dormir bajo un techo. Cuando nos sentimos amenazadas, el repertorio de nuestros comportamientos posibles puede ir desde las conductas agresivas hasta el desarrollo de cualidades vinculadas a la sensación de seguridad: confianza en una misma, autoestima, cuidado de la salud, etc.

El instinto de perpetuación tiene que ver con la continuidad de la especie. La libido genera la necesidad de procrear; por otra parte, el impulso sexual puede llevarnos desde la lujuria más desenfrenada hasta el amor y la más alta devoción.

En cuanto al instinto de superación, es la base de la evolución de la especie humana; nos induce la necesidad de mejorar en cualquier aspecto de nuestra vida. Este último instinto es el que nos hace diferentes de los animales. Y puede ir desde la avaricia y el egoísmo hasta la capacidad de aceptar la vida en toda su expresión.

Cualquier actividad que realizamos podemos encuadrarla dentro de la necesidad de satisfacer alguno de los instintos mencionados. Por ejemplo, el estudio está vinculado con la superación; todo lo relativo al ámbito de la pareja (buscarla, etc.) tiene que ver con la perpetuación; comer es una manifestación de la conservación.

La forma de responder a los tres instintos primarios varía de un ser humano a otro; depende de la evolución personal de cada uno.

El hambre —el deseo de alimento— es una manifestación del instinto de conservación, y nos acompaña a lo largo de la vida. Igual que necesitamos el aire para respirar, debemos ingerir aquellos alimentos cuyos nutrientes nos permitan llevar a cabo todas las actividades del día.

A menudo comemos de forma automática, sin preguntarnos por qué lo hacemos. Damos por sentado que lo adecuado es tomar entre tres y cinco comidas diarias, a una hora específica cada una de ellas, y que debemos tomar fruta como postre... Se trata de unos hábitos que nos impusieron en la infancia y que hemos venido manteniendo día a día a lo largo de la vida, independientemente de que tengamos o no hambre, de que nos apetezca o no tomar algo.

A veces me encuentro con personas que comen de forma totalmente automática. Están tan desconectadas de las señales de su cuerpo que llegan a decirme que no son capaces de reconocer el hambre física en su organismo, y me preguntan: «¿Qué es lo que tengo que sentir? ¿Qué siente uno cuando está lleno?».

El hambre es un impulso instintivo, un mecanismo cuya finalidad es muy obvia: que no nos olvidemos de ingerir alimentos. No obstante, si damos comestibles al cuerpo de forma constante, sin que el imperativo del hambre esté presente, solo porque nos han dicho que comer cada dos horas acelera el metabolismo y nos hace perder peso, no solo no vamos a adelgazar, sino que, además, nos vamos a separar cada vez más de nuestras necesidades reales. Y esta desconexión será la causa de la aparición del hambre emocional.

Es solo cuando sentimos hambre física cuando el organismo está preparado para comer y hacer correctamente la digestión.

El hambre real es la llamada instintiva que nos hace el cuerpo para que busquemos alimento. Cuando se presenta empezamos a segregar saliva y jugos gástricos con el fin de facilitar la digestión y nos vienen ganas de ir al baño, como acto reflejo para eliminar lo que no necesitamos y dejar espacio a los nuevos alimentos. Es decir, se activa todo el sistema para que podamos hacer la digestión y absorber los nutrientes de la forma más eficiente posible.

A lo largo del libro vamos a hablar del hambre física, pero, sobre todo, del hambre emocional. Esta última es, a menudo, un síntoma de algo que tiene poco que ver con la comida. Si nos atrevemos a mirar de frente a ese algo, tenemos una oportunidad de autoconocernos.

El hambre emocional es menos conocida y, sobre todo, menos reconocida que el hambre física. Sus causas son muchas, y van desde la desconexión con nosotras mismas hasta el impulso de tapar o anestesiar algún contenido interno que nos duele, que no nos gusta, que no queremos ver. Nadie quiere sufrir, de manera que preferimos reemplazar cualquier sensación desagradable por algo que nos genere placer. Lo hacemos a través de la ingesta de ciertos alimentos que favorecen la síntesis de dopamina y endorfinas a corto plazo, pero que, sin embargo, nos inducen un mayor malestar a largo plazo.

Como cualquier otra adicción (a las drogas, al sexo, al trabajo, al alcohol, etc.), la adicción a la comida nos saca de nuestro centro, nos distrae y confunde para evitar que suframos. Así nos impedimos observar la realidad de lo que ocurre con claridad. De esta forma es muy difícil hacerse responsable de lo que realmente está ocurriendo.

A través de la comida gestionamos mal los problemas: nos evadimos de la realidad, anestesiamos las carencias y tapamos las sombras. Creemos que tenemos hambre y comemos, nos pasamos de la raya (ingerimos más de lo que necesitamos) y pensamos que el problema es el atracón. Comenzamos a hacer dieta porque hemos ganado unos kilos de más, y nos frustramos, porque recuperamos el peso a la misma velocidad que lo hemos perdido, o incluso con mayor rapidez. En definitiva, nos sentimos culpables por haber comido de más, odiamos nuestro cuerpo y desciende nuestra autoestima.

No nos damos cuenta de que la sobreingesta no es el problema, sino que es solamente la punta del iceberg. El problema es mucho más profundo y tiene que ver con nuestra gestión emocional, con cuánto nos queremos, con si nos conocemos y sabemos qué es lo que necesitamos. Por más dietas, ayunos o ejercicio que hagamos, no nos servirá de nada si no acompañamos todo ello con un trabajo personal profundo: no pararemos de necesitar más comida, exigirnos más, tener más ansiedad y sentirnos peor con nosotras mismas.

Al hablar de *atracón* estoy haciendo referencia al hecho de comer de forma irracional; esto incluye ingerir una gran cantidad de alimentos a partir de la sensación de no poder detenernos, y seguir comiendo aun sintiéndonos llenas por el mero impulso de satisfacer el paladar.

Mi objetivo con este libro es acompañarte en un proceso de reflexión para que tomes conciencia de tu forma de comer, porque solo así podrás plantearte un cambio real. Por ello, a lo largo de esta parte, voy a ir haciendo preguntas para tu reflexión y proponiéndote ejercicios. Si estás leyendo este libro, es probable que esta no sea la primera toma de contacto que tienes con estos temas. Es muy posible que hayas probado varias técnicas para adelgazar, o para gestionar el hambre emocional, o para mejorar tu autoestima o tu autoconfianza. Seguramente llevas tiempo preguntándote quién eres y para qué estás aquí, y ocupándote de estas cuestiones. Espero de corazón que, sea cual sea el proceso en el que te encuentres, este libro te ayude a comer más conscientemente, a descubrir tus patrones con relación a la comida y a explorar otros comportamientos. Espero, en definitiva, que este texto te ayude a sentirte mejor contigo misma.

En esta obra incluyo episodios que he vivido con pacientes míos. Tal vez te sientas reflejada en algunas de las historias. Tanto si esto es así como si no, lo más importante desde mi punto de vista es que desarrolles la capacidad de tomar conciencia de que existes; que reconozcas lo que haces y que, poco a poco, vayas dándote cuenta de por qué y para qué lo haces, que te mientas un poquito menos, que seas más compasiva contigo y actúes con mayor convicción. Cuando aumentamos nuestra seguridad y autoestima, desarrollamos la voluntad, nos hacemos más responsables, elegimos con más acierto y, por tanto, nos sentimos mejor internamente.

¿Te comprometes a descubrir los patrones que rigen o condicionan tus comportamientos alimentarios?

En esta primera parte del libro trabajaremos desde el elemento AGUA, con las emociones.

En la segunda parte analizaremos los alimentos y los hábitos de vida saludables que nos ayudan a aumentar la energía, eliminar toxinas y fortalecer el organismo. Trabajaremos desde el elemento TIERRA, con la materia.

En la tercera parte analizaremos la relación que existe entre el cerebro y el estómago-intestino, nuestro segundo cerebro.

Trabajaremos desde el elemento FUEGO; abordaremos, por tanto, el metabolismo y la digestión.

Y la cuarta parte la dedicaremos a analizar el yoga de la alimentación. Aprenderemos a utilizar la comida de forma consciente y herramientas útiles para mejorar nuestra relación con la comida y con nosotras mismas. Trabajaremos desde el elemento AIRE, que hace referencia a la trascendencia y todo lo que no vemos con nuestros ojos ni podemos tocar con nuestras manos.

Empecemos...

CAPÍTULO 1

Mi forma de comer
¿es la causa o el síntoma?

RESPUESTA FISIOLÓGICA AL HAMBRE

El hambre, entendida como hambre física, es una sensación que todos los seres vivos percibimos desde que nacemos. La naturaleza y el cuerpo humano están creados con total minuciosidad, son perfectos. Las señales que el cuerpo nos envía son muchas y muy precisas, pero es frecuente que perdamos la conexión con las mismas y que dejemos de comprender nuestro organismo según vamos creciendo. Llegamos al punto de alejarnos de lo que realmente necesitamos y aparece inevitablemente lo que se denomina *hambre emocional*, la cual tiene poco que ver con la necesidad de nutrientes y más con lo que creemos que queremos (que no es lo que necesitamos).

La forma de vivir ha ido cambiando en gran medida a lo largo de los siglos, sobre todo en el xx. A una gran cantidad de seres humanos les cuesta adaptarse a las tendencias que se suceden continuamente en muchos ámbitos: la tecnología, la alimentación, el sedentarismo predominante en las ciudades, el discurso social o los valores. A pesar de ello, en el nivel fisiológico, la reacción que en la actualidad tenemos ante el hambre es la misma que la de nuestros antepasados del Paleolítico, cuyas necesidades distaban mucho de las nuestras. La respuesta sigue siendo de supervivencia. Acumulamos parte de la grasa ingerida de la misma manera que lo hacían nuestros antepasados para protegerse en las épocas de escasez. En cambio, hoy en día, sobre todo en los países desarrollados, el problema no es la falta de alimentos a causa de las sequías o las malas cosechas, sino la ingesta excesiva. Hay que añadir a ello el hecho de que muchos alimentos están tan procesados que el cuerpo apenas los reconoce.

Si entendemos esto, podremos comprender mejor la respuesta del organismo ante el estrés (cuando hablemos de él) o la razón por la que el cuerpo genera resistencia a ciertas sustancias, que vamos a ver a continuación (la insulina o la leptina). Esta resistencia se debe al hecho de que el cuerpo no está preparado para ingerir cantidades ingentes de comida ni ciertos tipos de alimentos.

En el nivel fisiológico el hambre física se activa en el cerebro, exactamente en el hipotálamo, donde se encuentran el *centro del hambre*, que dispara la necesidad de comer, y el *centro de la saciedad*, que inhibe la sensación de hambre.

En el proceso de activación de estos dos centros participan varias sustancias. Ya hemos mencionado dos de las más importantes, la insulina y la leptina.

- La insulina participa en la regulación de los niveles de glucosa en sangre. Cuando comemos, dichos niveles aumentan, y el páncreas debe liberar insulina para que desciendan. Cuando sube el nivel de glucosa en sangre, lo normal es que se active el centro de la saciedad y se inhiba el apetito. Ahora bien, hay personas que padecen resistencia a la insulina;

en estos casos, el centro de la saciedad nunca se activa. La consecuencia es una sensación de hambre permanente que induce al individuo a comer más de lo que necesita, lo cual, a su vez, le hace ganar peso. Es muy difícil adelgazar en estas condiciones; tampoco es posible digerir y metabolizar bien los hidratos de carbono.

- La leptina es liberada por las células de grasa. Actúa a medio y largo plazo y genera una señal de saciedad para inhibir el apetito cuando aumentan los adipocitos. Si todo funciona correctamente, al aumentar la grasa en el cuerpo se reduce la sensación de hambre. El problema es que esto no siempre es así, porque el organismo puede hacerse resistente a la leptina. En este caso, la señal de saciedad no se libera y la persona sigue teniendo hambre, igual que ocurre cuando está presente la resistencia a la insulina.

Cuando hay resistencia a la insulina o a la leptina, se experimenta un hambre física que solo es posible saciar por medio de una alimentación equilibrada (baja en hidratos de carbono, sobre todo refinados), ejercicio físico, pérdida del exceso de peso y mitigación del estrés.

El hambre física no aparece de repente, sino que llega poco a poco. Se suele sentir en el estómago y puede ser muy incómoda, ya que genera irritabilidad, debilidad, cansancio y estrés. Se calma cuando volvemos a comer de nuevo.

Dejemos a un lado este tipo de hambre y vayámonos introduciendo ahora en el hambre emocional, uno de los grandes pilares de este libro.

EL RETO DE CONOCERME

¿Qué relación tienes con la comida? ¿Reconoces tus patrones respecto a ella? ¿Cambia dicha relación en función de tu estado de ánimo? ¿Encuentras alguna vinculación entre tu forma de abordar la alimentación y la vida?

¿Te gustaría cambiar algo? ¿Está presente en tu vida el hambre emocional? ¿Necesitas un punto de inflexión para empezar a hacer las cosas de forma diferente?

Con toda la humildad del mundo, te propongo que sigas leyendo este libro, mires hacia dentro y confíes en ti.

Confía en ti porque realmente sabes lo que necesitas. Todas lo sabemos, incluso en esos momentos en los que nos sentimos tan perdidas. Solo hay que tener paciencia, escuchar el cuerpo en silencio, mantener los ojos abiertos y tener la voluntad de hacerlo mejor, porque hay muchos aspectos que seguro que podemos mejorar.

Lo que me ha impulsado a escribir este libro ha sido el hecho de darme cuenta de que la relación que tenemos con la comida se asemeja mucho a la que tenemos con la vida y con nosotras mismas.

- *¿Cuánto me quiero?* - AMOR HACIA MÍ MISMA.
- *¿Cómo como?* - RELACIÓN CON LA COMIDA.
- *¿Cuán satisfecha estoy con mi vida?* - GRADO DE BIENESTAR.

Figura 1. Triángulo del Amor - Vida - Comida.
Diseño gráfico: Guillermo Burelo.

Estos tres aspectos son los tres vértices de un triángulo que debe estar en equilibrio. Con este fin, es necesario que cada uno de los vértices sume. Todas hemos entrado en algún momento en este círculo vicioso: ocurre algo en la vida que me duele/molesta/frustra, como peor, deja de apetecerme ir al gimnasio, como de más porque me siento mal conmigo misma, gano peso, me miro al espejo y me odio. Un círculo que hace que baje mi autoestima, coma de más y no disfrute de la vida. Me autosaboteo al comer, a través de un acto de desamor hacia mí, y esto me hace sentir mal. El resultado: vuelvo de nuevo a la comida como paliativo.

El círculo virtuoso comienza cuando, ante algo que ocurre que me duele/molesta/frustra, elijo cuidarme, porque en ese momento es cuando más lo necesito. Si ante una circunstancia adversa me abandono, me rindo y me daño comiendo, no haré otra cosa que empeorar lo que me esté sucediendo, y mi bienestar se resentirá. En cambio, si ante una situación dolorosa me tengo en cuenta, tomo conciencia de que mi voluntad tendrá siempre la última palabra y cuido lo que como, saldré de esa situación con mayor prontitud y me sentiré mejor conmigo misma mucho antes.

No se pasa de un círculo vicioso a otro virtuoso de un día para otro. Requiere un trabajo personal con una misma, en el cual profundizaremos a lo largo de estas páginas. Por tu parte, deberás comprometerte a dar pequeños pasos y mirar hacia dentro.

Solemos querer soluciones rápidas, eficaces y que no requieran mucho esfuerzo. Pero si realmente quieres cambiar tu relación con la comida, debes saber que no será a través de una pastilla mágica que haga efecto de forma rápida y sencilla. Deberás ser valiente y realizar un trabajo.

Cuando la relación que tenemos con la comida no es la que nos gustaría, podemos empezar a reflexionar sobre el grado de satisfacción que tenemos respecto a nuestra vida. Si nos respondemos con sinceridad, nos daremos cuenta de que tenemos una tarea pendiente. Igual que nosotras nos expresamos con palabras, el cuerpo nos habla a través de la ansiedad, de las malas posturas, de la respiración agitada, de los atracones, del exceso de peso. Podemos negarnos a reconocer estas señales y seguir comiendo, o podemos proponernos un reto: el de conocernos.

Si una persona come con ansiedad, o no se siente nunca saciada, o necesita sentirse llena antes de ir a dormir, algo no va bien. Estas son vías a través de las cuales el cuerpo está expresando su desequilibrio.

Un atracón forma parte de un proceso de malestar con nosotras mismas. Ante el mismo, tenemos dos opciones:

Una es tapar el problema, no querer ver que lo tenemos. Esta opción solo hace que el malestar (la causa) empeore, la consecuencia de lo cual es que los atracones (el síntoma) se incrementan.

La otra opción es reconocer el síntoma (el atracón) y buscar la causa (el dolor que nos produce la necesidad de darnos ese atracón). Con esta elección abrimos la puerta a la oportunidad de hacer un cambio en nuestra vida, a partir de analizar lo que está pasando, averiguar de dónde viene ese malestar y empezar a trabajar para reducir ese dolor. De esta forma vamos a la causa; no tratamos el síntoma. Para hacer una analogía, podemos comparar la medicina alopática con la natural. En esta última buscamos ir a la causa para eliminar de raíz el dolor (el miedo, el sufrimiento, o como quieras llamarlo), mientras que la medicina alopática lo que pretende es eliminar los síntomas. Si acabo con estos con una pastilla, el problema deja de manifestarse y, en consecuencia, no realizo ningún cambio en mi vida. Cuando vuelva a tener síntomas será porque el problema se habrá agravado, y la situación será mucho más preocupante. El cuerpo murmura, y si no efectuamos cambios acaba gritando a través de una enfermedad cada vez más importante. Ir a la causa es admitir que está ahí, descubrirla, asumir la responsabilidad y cambiar de raíz lo que corresponda.

Vamos a ver un ejemplo real de hambre emocional con el que, quizá, nos podríamos sentir identificadas:

Me quedo dormida en el sofá viendo la televisión después de cenar, y me despierto a las dos de la mañana con dolor de cuello y angustia. Acudo a las galletas y me como la mitad del paquete. Me voy a dormir sintiéndome hinchada. Al día siguiente me levanto con malestar, aún llena; no desayuno, me tomo un café y me voy a trabajar. Como poco durante la jornada, haciendo un gran esfuerzo; me siento mal por las galletas que me comí a las dos de la madrugada. Pero llego a casa a las ocho de la tarde, con un hambre acuciante. He dormido mal, he estado con muchísimo estrés en el trabajo, sigo con angustia en el pecho, estoy cansada y no me apetece cocinar. Como pan con queso, que es lo primero que encuentro; lo engullo porque me muero de hambre, y cuando me quiero dar cuenta estoy otra vez como después de tomar las galletas la noche anterior. Me siento mal conmigo misma; estoy en un círculo vicioso y no sé cómo salir de él. No tengo energía y cada vez me doy más atracones; la situación me desborda.

Cuando la persona del caso anterior me pidió ayuda, le indiqué que me dijera tres cosas diferentes que podría hacer la próxima vez que se enfrentara a la misma situación. Entre las dos acordamos:

- Que desayunara un batido verde de apio, manzana, naranja y jengibre la próxima vez que le pasara lo de las galletas por la noche. En ningún caso debía dejar de comer al día siguiente.
- Que se apuntara a yoga para aprender a relajarse y, así, reducir la ansiedad.
- Que buscara el malestar que era tapado por el consumo de galletas cuando se despertaba con dolor de espalda y sola delante del televisor a las dos de la madrugada. Si había cenado suficiente, ¿qué hacía que las necesitara?

Es más fácil pensar que el problema es haber comido galletas por la noche (síntoma) que reconocer el sentimiento de soledad (causa) que nos hizo acudir a estas para tapar esa sensación desagradable que nos conecta con nuestra debilidad. Mirar la debilidad duele, pero podemos aprender a enfocar la situación desde otro lugar: a través de sentir esa sensación sin resistirnos y sin juzgarla. Así es como podremos trascender el sufrimiento que nos produce, y la necesidad de comer galletas desaparecerá. Al descubrir la causa del malestar y aprender a gestionarla, el síntoma ya no es necesario, porque estamos escuchando las señales del cuerpo.

En la gran mayoría de las ocasiones, tapamos nuestra vulnerabilidad a través del hambre emocional.

¿POR QUÉ ME AUTOSABOTEO?

A menudo me pregunto: *¿por qué no aprendo?, ¿qué me hace tropezar una y otra vez con la misma piedra?*

Con el tiempo, puedo decir que lo que he aprendido es que nos autosaboteamos porque hay un conflicto interno entre lo que creemos que queremos y lo que realmente deseamos. En estos casos necesitamos escucharnos y entender qué ganamos con cada una de las opciones.

Me viene a la mente el caso de una paciente que llevaba toda la vida queriendo ser delgada. Había hecho todo tipo de dietas y había un patrón que se repetía una y otra vez: comenzaba una dieta y empezaba a bajar de peso, pero cuando estaba llegando a ese «peso ideal» que se había marcado, volvía a darse atracones y recuperaba de nuevo los kilos perdidos —o incluso engordaba más—. ¿Qué le hacía empezar a recuperar esos kilos cuando estaba a punto de conseguir lo que buscaba, cuando estaba a punto de alcanzar el éxito en aquello que más la obsesionaba desde hacía tanto tiempo?

Lo que le hacía darse el atracón y recuperar el peso perdido era la vulnerabilidad que le producían los miedos: el miedo a triunfar, a perder el motor de su vida, a quedarse vacía, a lo desconocido, a no ser feliz incluso habiendo adelgazado. En el fondo tenía miedo al fracaso, a no lograr aquello que toda la vida pensó que conseguiría cuando estuviera delgada.

Imagina que llevas toda la vida queriendo tener un peso inferior, con la idea de que, cuando lo consigas, serás más feliz, te verás más guapa, tendrás un mejor trabajo, harás más amigos. Piensa que, de pronto, vas acercándote a ese objetivo, pero sigues sin ser feliz, sin verte guapa; aún tienes un trabajo que no te gusta demasiado y tu círculo de amistades se mantiene pequeño. ¿Qué ocurrirá? Que posiblemente prefieras «engañarte» y volver a la postura fácil, aquella en la que tienes la «excusa» para no hacerte responsable de cómo te sientes y cómo te ves («no tengo amigos / no consigo trabajo porque estoy gorda», por ejemplo).

Permítete cerrar los ojos y reflexionar sobre lo que acabamos de compartir. Realmente todas nos hemos autosaboteado en algún momento.

¿SOY CAPAZ DE ACEPTARME?

¿Has tenido alguna vez la necesidad de llenarte antes de irte a dormir? Yo sí, y quiero contarte lo que hice.

Era habitual que antes de acostarme por la noche, independientemente de la hora a la que hubiera cenado, me tomara un vaso de bebida de arroz con achicoria y galletas. La bebida me sentaba bien (me relajaba y me ayudaba a dormir), pero ¿por qué seguía tomando galletas cuando había comprobado una y mil veces que por un lado me hacían dormir peor y por otro me hacían levantarme pesada y sin hambre? Durante mucho tiempo mantuve esa lucha, esa autoagresión. Me sentía culpable, débil, con poca fuerza de voluntad, mal conmigo misma. *¿Por qué?*, me preguntaba.

Un día, ya metida en ese camino de no retorno que uno emprende cuando quiere conocerse, me pregunté desde el corazón qué ganaba al comerme las galletas. De repente, comprendí por qué tenía el impulso de comer y llenarme antes de irme a dormir: por *la necesidad de sentirme llena en la vida*.

Ese era el beneficio que obtenía. No me había dado cuenta hasta ese momento. Esa sensación de «llenura» me hacía sentir satisfecha de alguna manera, como cuando hacía muchas cosas y sentía que el día me había cundido. La exigencia hacia mí misma, la necesidad de llenarme de actividades, de obligaciones…, me generaba el anhelo de sentirme llena (de comida) antes de irme a dormir. ¿Por qué? Porque en mi vida no me sentía llena y lo que estaba haciendo era intentar llenar ese vacío con comida.

> **El vacío asusta, tanto o más que el silencio.**

¿Qué pasó a raíz de esto? No ocurrió que nunca más tuve ganas de tomar galletas por la noche, porque, si te soy sincera, todavía hoy me apetecen en ocasiones. La diferencia es que, al haber descubierto la causa y cómo influía en mi vida, cuando me apetecen esas galletas ya sé por qué ocurre esto y abrazo ese vacío que siento, lo traigo al consciente. Genero compasión hacia mí misma, dejo de exigirme tanto y me permito sentirme vacía; no tapo ese malestar. Y, en la mayoría de los casos, tras formular mi antojo con palabras («quiero comer galletas»), deja de apetecerme. Es como si esa necesidad perdiera la fuerza que unos instantes antes me impedía pensar en otra cosa.

> **La necesidad inminente de necesitar comer es un mero impulso inconsciente. Cuando se toma conciencia de él y se elige no comer, el impulso se desvanece. Cuando tengas esa necesidad pregúntate: «¿Realmente lo quiero? ¿Qué es lo que verdaderamente necesito?».**

A través de esta vivencia personal descubrí qué era lo que me hacía comer de forma emocional en esos momentos. Esto no quiere decir que todas las personas que comen galletas antes de irse a

MI FORMA DE COMER ¿ES LA CAUSA O EL SÍNTOMA?

dormir lo hagan porque se sienten vacías; cada cual debe encontrar el motivo que subyace a su necesidad de comerlas. Hay que decir que esta causa puede cambiar con el paso del tiempo; por esta razón, el trabajo de autoobservación debe ser permanente.

Sea cual sea el motivo que se descubra en un momento dado, el hambre emocional se reduce, o incluso desaparece, en cuanto se empieza a cubrir esa carencia. ¿Y si esto último no es posible? Entonces, el solo hecho de detectarla nos permite aprender a aceptarla. Ello repercute como autoaceptación; nos abrazamos y amamos a nosotras mismas.

¿Has tenido el valor de preguntarte, de verdad, si tu vida te llena? ¿Si te sientes plena?

Cierra los ojos y contéstate con humildad, con sinceridad, sin emitir juicios. Escucha lo que el cuerpo te dice; observa también si la pregunta te genera malestar o incomodidad y si eres capaz de responderte con un «no».

Debes efectuar esta evaluación de forma ecuánime y aceptando totalmente la realidad. Evita alegrarte si te sientes llena, o entristecerte si lo cierto es lo contrario. Observa la respuesta que te das, como si no fuera contigo: pregunta, contesta, acepta. Admitir y acoger la verdad de lo que sentimos es un ejercicio de autoaceptación y nos proporciona valor.

Cuanto más tiempo nos pasamos tapando nuestras carencias y engañándonos, más automatizado tenemos el comportamiento y más nos cuesta cambiarlo. Pero cuanto antes empecemos a hacer algo, por poco que sea, antes conseguiremos revertirlo.

Si llevamos toda la vida lidiando con determinados patrones alimentarios y conseguimos empezar a cambiarlos, ello es debido a que está produciéndose un cambio interno que poco tiene que ver con la comida.

No es el mal hábito lo que genera el malestar, sino el malestar lo que genera el mal hábito.

En muchas ocasiones, la causa del hambre emocional es la falta de autoaceptación de nosotras mismas. Queremos dar la talla conforme a un ideal que tenemos en nuestra mente y, al no conseguirlo, nos frustramos. Reconocer el síntoma y buscar la causa en vez de mirar para otro lado puede ser una llave mágica hacia el autoconocimiento y la autoaceptación.

¿QUÉ HAY DETRÁS DE MI FORMA DE COMER?

A menudo, cuando hago esta pregunta, las personas tardan en contestar, pues nunca se lo habían planteado. Lo mismo me ocurrió a mí la primera vez que me lo cuestioné.

Las siguientes reflexiones pueden ayudarte a encontrar la respuesta:

- *¿Para qué como?*
  Cierra los ojos y pregúntate: «¿Para obtener energía? ¿Porque es la hora y tengo que comer? ¿Porque estoy aburrida?». Nos creamos a través de los alimentos. Entonces, ¿qué nutrientes quiero que conformen mi sangre, mis células, mis órganos, mis pensamientos?

- *Cuando como, ¿cuánta hambre tengo?*
  Valóralo del 1 al 10, siendo 1 «nada de hambre» y 10 «muy hambrienta». Para esclarecer mejor esta cuestión, te recomiendo que realices esta evaluación antes, durante y después de las comidas y tentempiés durante la próxima semana. Ve apuntando los resultados.

- *¿Hasta qué punto escucho los mensajes que el cuerpo me envía? ¿Soy capaz de parar cuando me noto saciada, o sigo comiendo?*
  Obsérvalo durante los próximos días. ¿De qué depende que decidas comer y que elijas unos comestibles u otros?

Cuando dejas de comer, ¿es porque ya no hay más en el plato, porque estás llena o por algún otro motivo?

- *¿A qué asocio la palabra* hambre*? ¿Y la palabra* comida*?*
  ¿Qué tipo de vocablos vienen a tu cabeza? ¿Términos del tipo *malestar, culpabilidad, sobrepeso, agobio, ansiedad* y *rechazo*, o del tipo *salud, energía, bienestar, cuidado, protección*?

- *¿Cuánto miedo tengo a pasar hambre? ¿Qué me digo cuando dejo algo en el plato?*
  Como ya hemos visto, el cuerpo está programado para la escasez, no para el exceso.

Recuerdo como, con veinte años, estando ya delgada, permanecí varios días ingresada a causa de un problema de salud y adelgacé cinco kilos en diez días. Al salir del hospital, y durante las semanas siguientes, no podía pensar en otra cosa que no fuera la comida, hasta que recuperé los kilos que había perdido. ¿Por qué no ocurre esto cuando ganamos unos kilos que no queremos? ¿Por qué no dejamos de pensar en la comida y se nos quita el apetito hasta que hemos perdido el peso sobrante? Esto no pasa porque el cuerpo no está preparado para gestionar el exceso; en cambio, sí está preparado para poder sobrevivir aunque no reciba alimento durante un periodo de tiempo largo. (Abro un paréntesis para decir que el exceso es el origen de la inmensa mayoría de patologías orgánicas de hoy en día: la obesidad, el colesterol, el ácido úrico, etc.).

Nos han enseñado a terminar lo que hay en el plato y a no tirar la comida, pero ¿qué ocurre cuando comemos y no nos preguntamos cuánta hambre tenemos? Poco a poco vamos perdiendo la capacidad de saber si estamos hambrientas o no, y esto nos hace comer de más.

¿Cuántas veces, de pequeñas, nos dijeron «cómete lo que tienes en el plato, que los niños de África se mueren de hambre»?

Aunque estoy radicalmente en contra de que los niños pasen hambre, como puedes imaginarte, no soy partidaria de utilizar este argumento para que los niños se acaben lo que tienen en el plato. Abogo por que nos sirvamos menos cantidades y, por supuesto, por que no comamos si no tenemos apetito. La sobreingesta y el hecho de comer sin estar hambrientas hacen que pase a haber más toxinas en el organismo, ya que el cuerpo no está preparado para obtener alimento en ese momento; no lo necesitamos, y el sistema digestivo funciona con mayor lentitud. Obligar a un niño a comer es el primer paso hacia el hambre emocional; lo estamos separando, ya desde pequeño, del reconocimiento de sus propias necesidades.

¿Reconoces ese miedo a pasar hambre en ti? ¿En qué situaciones de tu vida lo ves reflejado?

Quiero compartir algo que me pasó hace un tiempo. Estaba en un retiro *vipassana* de diez días. En este contexto se medita muchas horas al día y se come poco; se desayuna a las seis de la mañana, se almuerza a las once y ya no se ingiere ningún otro contenido sólido hasta el día siguiente a las seis de la mañana. Cada uno se sirve la cantidad que quiere en las dos comidas. *¿Te imaginas lo que me pasaba por la cabeza cuando me estaba sirviendo la comida a las once sabiendo que no volvería a comer hasta el día siguiente a las seis?* Pues lo mismo que les pasó por la cabeza a todos y cada uno de mis más de doscientos compañeros, como pude comprobar. Cada tarde, a las siete, escuchábamos un audio en el que nos hablaba Goenka, uno de los principales maestros de este tipo de meditación (de forma bastante graciosa, todo hay que decirlo). Un día preguntó: «¿Cuántos de vosotros habéis pensado al serviros: "Voy a ponerme más cantidad, que hasta mañana a las seis no voy a volver a comer"?». La carcajada fue generalizada, y me resultó muy revelador. Estábamos actuando desde el miedo a pasar hambre, es decir, desde el instinto de conservación. Efectivamente, ese día me había servido más de lo que necesitaba, y eso hacía que estuviera hinchada y me costara más meditar. ¿De dónde venía ese miedo? A partir de ese día tuve todo tipo de sentimientos relacionados con el miedo y, también, con la sensación de plenitud. Y se dieron muchas situaciones en las que me encontraba frente a frente conmigo misma. Pasé por momentos de gran fortaleza y claridad, en los que incluso lloré de gozo y alegría, y también por momentos de mucha oscuridad.

Observé ese «miedo a pasar hambre», lo identifiqué en mi conducta, lo sentí y lo vi como algo irreal, pues sabía que ni era la primera persona que hacía ese tipo de retiro ni me iba a morir de hambre. Cuando tenía esta actitud, ese miedo se hacía cada vez más pequeño, y mi comportamiento cambiaba. Sin embargo, cuando me despistaba y dejaba de estar presente, ¡aparecía de nuevo! Eso sí, cada vez lo detectaba antes y se presentaba con menos fuerza.

Recuerdo que cuando empecé a estudiar alimentación energética mi mayor preocupación era comer los alimentos que más me ayudaran a tener energía y a sentirme bien. Hoy, todavía le doy importancia a esto, pero sé lo esencial que es trabajar la parte emocional y conocerse a una misma. Necesitamos conectar la parte física (lo que comemos) con el trabajo personal (lo que sentimos).

DEL IMPULSO INCONSCIENTE A LA VOLUNTAD CONSCIENTE

Todas comemos de forma emocional en algún momento; por ejemplo, cuando aun estando llenas seguimos comiendo por el mero placer de disfrutar algo que encontramos delicioso. Es extraño que gocemos con opciones alimentarias que sabemos que nos van a hacer daño... ¿Por qué celebramos los acontecimientos importantes con una tarta de chocolate hecha con muchísimo azúcar, el cual, como sabe todo el mundo, afecta negativamente a la salud? ¿Qué nos lleva a celebrar, festejar y premiarnos con algo que no es bueno para nosotras? ¿Por qué nos decimos «¡me lo merezco!» en estos casos? ¿Por qué no nos premiamos con un manjar saludable como puede ser un batido de naranja, plátano y apio?, el cual, además de estar delicioso, nos ayudará a sentirnos mejor, a aumentar nuestra energía y a fortalecer el sistema inmunitario.

La respuesta a estas preguntas tiene que ver, por un lado, con el contexto social y cultural, es decir, con aquello que hemos visto y nos han enseñado desde pequeñas. Repetimos una y otra vez los comportamientos de nuestros mayores. Y, por otro lado, si profundizamos, veremos patrones de *premio-castigo*, *culpabilidad*, *autosabotaje* y *chantaje*. Por medio de la autoexploración encontraremos una información valiosísima que nos permitirá mejorar la relación que tenemos con nosotras mismas; descubriremos patrones como los mencionados, que afectan negativamente a la autoestima.

La relación con la comida es la consecuencia, no la causa, de la relación que tiene una consigo misma.

Comer de forma emocional es una manera de protegernos, de darnos amor —equivocada, ya que después nos sentiremos mal—. Por eso suele llegar con una urgencia de tipo emocional: nos negamos a reconocer un dolor y queremos taparlo inmediatamente. Y lo hacemos comiendo.

A través de la ingesta nos hacemos un regalo después de un largo día de trabajo (porque nos lo merecemos, nos decimos), o celebramos el hecho de sentirnos felices, o compensamos nuestra tristeza, o disimulamos nuestro enfado, o sustituimos la expresión de nuestro amor... O nos pasamos la semana haciendo algo que no nos gusta y los días festivos necesitamos emborracharnos para sentir que vivimos. Al final, estas acciones y emociones nos generan vacío, y...

> **¿Cómo tapamos el vacío que sentimos? Con algo que nunca nos falla, que siempre está ahí: la comida.**

Oigo a menudo esta frase: «En ese momento, no hay nada que pueda apetecerme más que comer; no puedo sustituirlo por nada».

Aquí está presente una resistencia de la mente, un apego que nos aporta una satisfacción rápida. Es un obstáculo a vencer, ya que nos impide hacernos responsables y nos quita la oportunidad de reducir el malestar subyacente.

El hambre emocional nos brinda una ocasión para descubrir nuestros miedos. Si queremos aprender a parar de comer en el momento en que estamos dispuestas a darnos un atracón, necesitamos conocer esos miedos, carencias y dolores para poder afrontarlos. Si lo hacemos, pasaremos a tener otro comportamiento en relación con la comida.

Un impulso como el de darse un atracón motiva una acción rápida que no responde a la voluntad consciente. Dicha acción no va precedida por la escucha, la planificación, el juicio y la autorreflexión. Y suele ir acompañada de una dificultad para afrontar situaciones adversas y de falta de voluntad para resistir la tentación.

Hay personas que se levantan durante la noche, comen, y por la mañana no lo recuerdan. Se dan cuenta porque se sienten llenas y ven los restos de comida en la cocina.

A través de los antojos alimentarios buscamos una experiencia, una explosión hormonal ante lo prohibido, muy similar a la respuesta hormonal que se suscita en caso de estrés. Hay estudios que han revelado que en esos momentos actúan las zonas del cerebro más relacionadas con el sistema límbico —responsable de los impulsos— y, en cambio, deja de estar activa la zona relacionada con la toma de decisiones conscientes, es decir, el lóbulo frontal.

Entender la respuesta hormonal y emocional de nuestro organismo nos puede ayudar a desarrollar la voluntad consciente.

Según Paul Gilbert, catedrático de Psicología Clínica, tenemos como mínimo tres sistemas de regulación emocional. Son los siguientes:

- **El sistema de amenaza y defensa.** Su objetivo es la supervivencia, la búsqueda de seguridad, la necesidad de control, la protección. Nos induce un estado de alerta y la respuesta urgente de huir o luchar. Cuando se activa, percibimos ansiedad, inseguridad, miedo, amenaza o enfado. La respuesta del organismo es liberar adrenalina y cortisol, las hormonas de la crisis.

- **El sistema de incentivo y búsqueda.** Su objetivo es generar placer a través de cumplir unas metas, establecer desafíos, buscar el éxito, competir. Cuando se activa, nos motivamos y estimulamos, nos llenamos de energía y nos ponemos alerta. El organismo responde liberando dopamina, una hormona que nos induce la necesidad de buscar recompensa y placer, además de incitarnos a repetir las actividades conducentes a ello.

- **El sistema de calma y satisfacción.** Su objetivo es cuidarnos, generar empatía y compasión. Cuando este sistema está activado sentimos paz, seguridad, estabilidad, confianza y sentido de la cooperación. La respuesta hormonal del organismo es la liberación de oxitocina y endorfinas. Sabemos que estas últimas nos ayudan a sentirnos bien con nosotras mismas; favorecen el bienestar al actuar como analgésicos naturales. La oxitocina es la hormona del amor, la calma y el contacto, ya que promueve la confianza y la empatía.

Si queremos estimular el sistema de calma y satisfacción, no lo conseguiremos por medio de eliminar la amenaza, sino de fomentar nuestro cuidado y la colaboración social. Se ha visto que el hecho de prestar ayuda de forma desinteresada genera relaciones de confianza, empatía y generosidad; y dejarnos ayudar favorece que el sistema de calma y satisfacción esté más presente.

Tanto el sistema de amenaza y defensa como el de incentivo y búsqueda se basan en la acción y en la aspiración de saciar la insatisfacción, o el vacío, que sentimos. En cambio, el sistema de calma y satisfacción se enfoca en agradecer y aceptar lo que tenemos y nutrir nuestro ser. Si queremos reducir el hambre emocional ante el miedo al vacío necesitamos nutrir este sistema y, a la vez, dejar de alimentar los otros dos.

En cuanto a la comida, si queremos elegir alimentos que nos ayuden —aquellos con los que más sintonizamos— necesitamos generar sensaciones placenteras en relación con ellos para que nuestro cerebro así lo registre, libere dopamina y sean los que nos pida el cuerpo en el futuro. Si nos basamos en la prohibición, o en la obligación, obtendremos todo lo contrario a lo que puede generar una situación placentera. Es por ello que una dieta no va a funcionar en lo que respecta a perder peso o a comer de forma saludable por muy motivadas que estemos. Lo único que funcionará será provocar sensaciones placenteras asociadas a alimentos beneficiosos. Y puedo asegurarte que se puede disfrutar mucho comiendo sano.

¿CÓMO DESCUBRIR MIS SOMBRAS?

Cuando tenemos la necesidad de un cambio en nuestra vida es importante que nos comprometamos con nosotras mismas. Esta necesidad nace de una nueva voluntad de hacer las cosas mejor; este es siempre el mejor punto de partida para adentrarnos en un proceso personal de crecimiento. Probablemente, dicho proceso nos va a sacar de ese espacio en el que pensábamos estar a gusto, la denominada *zona de confort*.

Requeriremos ayuda cuando emprendamos este nuevo camino, la cual puede venir de fuera o de dentro:

- La ayuda externa nos la puede ofrecer un/a maestro/a, terapeuta, *coach* o psicólogo/a, o incluso una persona especial que se cruza en nuestro camino y nos dice la palabra exacta en el momento perfecto.
- La ayuda interna surge, por definición, de nuestro interior. Consiste en tomar conciencia de la propia responsabilidad

y en tener la humildad necesaria para aceptarnos como somos; además, debemos estar dispuestas a prestar atención a lo que nos dice el organismo.

Según la filosofía de la India, tenemos a Dios dentro de nosotras. Yo así lo siento. Por tanto, ahí es donde debemos buscarlo. *Conócete a ti mismo*, nos han dicho los sabios desde la antigüedad. Somos nosotras quienes podemos saber mejor lo que necesitamos; por este motivo, la búsqueda siempre será interior. A lo largo de la vida hay momentos en los que, por una razón desconocida, experimentamos de repente una gran claridad y lucidez que nos permite entender un poquito el sentido de la existencia. En mi caso, no tengo duda de que estos momentos se han originado en mi interior, facilitados por ciertas personas y experiencias que han ido apareciendo en mi vida. Ellas me han ayudado a activar una parte de mí que no conocía.

Si miro hacia atrás en mi proceso personal, puedo identificar la característica de los momentos en los que despertó algo dentro de mí (con mi permiso) y obtuve alguna comprensión sobre mí misma, por pequeña que fuera —siento este tipo de comprensiones como lucecitas que van iluminando el camino—. Se trata de momentos generados por una conversación, un gesto, una palabra, incluso una puesta de sol.

Recuerdo que hace unos años, en un curso de voz, el profesor, a raíz de algo que yo acababa de decir, me preguntó en qué grado era feliz, entre el 0 % y el 100 %. Pensé un poco la respuesta, y le dije que en un 70 %. Su comentario fue: «No eres consciente de tus sombras».

En ese momento no entendí sus palabras. ¿Cómo que yo no era consciente de mis sombras? ¡Claro que lo era!, me dije a mí misma. Pero el que hablaba era mi ego, sin que me diese cuenta. Ahí quedó sembrada la semilla de todos modos, y, efectivamente, con el tiempo, le estuve infinitamente agradecida por ese comentario.

Porque la semilla fue creciendo cada vez más, y llegó el momento en que la miré con humildad, apertura y escucha. El detonante fue una ruptura sentimental y la inseguridad que me generó el conjunto de la situación. Empecé a tomar conciencia de cosas de mí que no me gustaban; incluso llegué a dudar de mi persona, de lo que hacía. ¡Llegué a odiarme! Puedo asegurarte que fue duro. Mirar hacia dentro es doloroso, y el autoconocimiento no es tarea fácil. Salvo que seamos unas personas autorreflexivas, hayamos entrenado nuestra mente y tengamos una alarma que salte ante un pequeño malestar, normalmente son los momentos duros y difíciles los que nos ofrecen la oportunidad de plantearnos un cambio.

El cambio del que estoy hablando no es algo que se produzca en un día, ni en dos meses. Se trata de un proceso que dura toda la vida. Según va pasando el tiempo, si tenemos el valor de mirar realmente hacia dentro vamos despertando, poco a poco, esas lucecitas que tenemos en nuestro interior que nos inspiran a cambiar aquello que nos produce malestar o que no nos deja ser felices. Si nos caemos en el camino (como el camino de autoconocimiento no termina nunca, es inevitable experimentar caídas), no pasa nada; en estos casos, agradezcamos al universo la oportunidad de volvernos a levantar y comenzar de nuevo. Al fin y al cabo, sería muy aburrido que todo fuera perfecto... Es doloroso reconocer que albergamos aspectos que no nos gustan, pero aprendemos muchísimo cuando los descubrimos. Yo no veía mis sombras; las tapaba. El hecho de verlas y aceptarlas desencadenó mi proceso de transformación; se activó mi propósito de cambiar aquello que no me gustaba de mi persona.

APRENDO A DISFRUTAR DEL CAMINO

Tenemos el reto de plantar cara a la situación, de reconocer las sombras que ocultamos a través de nuestra forma de comer.

¿Vas a esperar a estar delgada para ser feliz o para tener buenos amigos? Evita dejar tu felicidad en manos del futuro, que es

51

incierto. Cuando empieces a ser feliz en este momento, comenzarás a perder los kilos que te sobran, porque ya no te harán falta. Los kilos de más son una forma de no hacernos responsables de nuestra vida, de nuestras obligaciones y nuestros disfrutes.

Hace poco una persona me decía en la consulta: «Independientemente de los kilos que he perdido, lo más importante es que me miro en el espejo y, al mirarme, me gusto por primera vez en mi vida». ¿Qué significa esto? Que el peso no era el problema; eran todos los pensamientos sobre el peso que esa persona había estado lanzando contra sí misma. Es posible que llevemos toda la vida diciéndonos cosas como «estoy gorda», «no sirvo para nada», «no puedo» y que, de repente, todo cambie en el momento en que empezamos a creer en nosotras mismas, a tratarnos con compasión y hablarnos mejor, a cuidarnos.

CAPÍTULO 2

¿Qué es lo que realmente necesito?

LOS SIETE TIPOS DE HAMBRE

El primer paso para reducir el hambre emocional es reconocerla, y para ello es necesario diferenciarla del hambre física. Hay que reflexionar e identificar quién tiene hambre realmente. ¿Es nuestro estómago?, ¿nuestros miedos?, ¿nuestra frustración?, ¿nuestra sensación de soledad?, ¿nuestra falta de amor hacia nosotras mismas?, ¿el apego inconsciente al placer?

Cada modalidad de hambre requiere ser satisfecha de una manera. Si el que está hambriento es el estómago, necesitaremos darle comida, y en este caso va a ser más saciante la cantidad que la calidad. Si la que está hambrienta es la boca, necesitaremos degustar alimentos que tengan unos sabores o texturas que sean de nuestro agrado; si son los ojos, saciaremos el apetito con alimentos que respondan a la belleza; si son las emociones, deberemos escuchar qué hay detrás del hambre y entender el componente emocional que estamos tratando de tapar por medio de la comida.

Dado que existen muchos tipos de hambre, he creado una clasificación con las siete modalidades que veo más a menudo, agrupadas en tres categorías:

FÍSICA
- Estómago
- Olfato
- Nutricional/Neurotransmisores

MENTAL
- Abundancia
- Perfección

EMOCIONAL
- Falso placer
- Ignorancia

Figura 2. Tipos de hambre.

Hambre física:
- *Del estómago:* Es el hambre que se despierta cuando tenemos el estómago vacío y necesitamos llenarlo. Genera irritabilidad y, en principio, nos importa más llenar el estómago con alimentos que nos permitan saciar el dolor producido por ese vacío que la calidad de dichos alimentos.
- *Del olfato:* Es el hambre que se suscita, por ejemplo, cuando pasamos por delante de una panadería donde hay pan recién horneado. Al olerlo, nuestras papilas gustativas empiezan a segregar saliva, y nuestro estómago jugos gástricos.
- *Debida a una carencia nutricional o un desequilibrio en los neurotransmisores:* Es el hambre que se despierta en relación con un alimento, que puede no ser beneficioso, cuando nuestro organismo necesita un nutriente que no le estamos aportando. La solución es llevar una alimentación nutritiva y

saludable. Un desequilibrio en los neurotransmisores, en la serotonina y la dopamina sobre todo, también puede ser causa de hambre física.

Hambre mental:

- *En relación con la abundancia:* Es el hambre que se despierta cuando vemos un alimento que nuestra mente recuerda que le gusta y nos servimos de más, con lo cual comemos por los ojos sin ser capaces, después, de terminarnos lo que tenemos en el plato.
- *Motivada por el anhelo de perfección:* Es la actitud (más que el hambre) que está presente cuando basamos nuestra vida (y nuestra alimentación) en los extremos, en lo correcto por oposición a lo incorrecto, en el bien como antítesis del mal; no concebimos el punto medio. Elegimos los alimentos por lo que creemos, por lo que alguien nos dijo, por lo que leímos que era lo correcto, por su cantidad de calorías o de nutrientes, por el hecho de que pertenecen a una determinada dieta, etc. No nos preguntamos si nos sientan bien realmente, si nos aportan la energía que necesitamos, si nos dejan con hambre...; sencillamente, nos los comemos. Se trata de una decisión mental; no hemos conectado con nuestra esencia y con nuestras verdaderas necesidades para tomarla. En estos casos, vivimos en los extremos por el miedo a no hacer las cosas bien, a equivocarnos.

Hambre emocional:

- *Motivada por el falso placer:* Es el hambre que se despierta cuando queremos darle al cuerpo un disfrute a corto plazo porque, posiblemente, no se lo damos de otra manera. Buscamos en la comida la diversión que no nos permitimos en el día a día.
- *Motivada por la ignorancia:* Es el hambre que aparece cuando, de forma inconsciente, queremos tapar con la comida algo

que no nos gusta de nosotras o de nuestra vida. Pretendemos evitar tomar la responsabilidad, cambiar lo que está en nuestra mano y salir de la zona de confort.

Tanto en el caso del hambre mental como del hambre emocional, lo habitual es que nuestra forma de relacionarnos con la comida sea un espejo de nuestra forma de relacionarnos con la vida: así como a veces comemos por los ojos, es fácil que en nuestra vida queramos abarcarlo todo. Igual que comemos desde la perfección por temor a equivocarnos, corremos el peligro de vivir desde el miedo y la falta de coraje. De la misma manera que comemos para darnos un placer a corto plazo, es probable que busquemos darnos otros placeres de este tipo, que nos dejan frustradas en lugar de satisfechas. Y también es fácil que, ante cualquier problema, acudamos a la comida para cubrirlo y anestesiarlo en lugar de hacernos responsables del mismo.

Para distinguir unos tipos de hambre de otros, podemos tener en cuenta lo siguiente:

- Si no sabemos si tenemos hambre o no es porque no tenemos hambre física en realidad.
- El hambre física aparece poco a poco, mientras que el hambre mental o emocional llega de repente.
- El hambre por ignorancia tiene su origen en un pensamiento u emoción que tapamos y no queremos ver.
- El hambre emocional nos genera la necesidad imperiosa de comer, sí o sí; no podemos esperar. Puede ser que el hambre mental tenga este mismo efecto (ver el último punto de la lista).
- En presencia del hambre emocional, podemos seguir comiendo aun sintiendo que estamos llenas.
- Tras comer con hambre emocional nos sentimos culpables; de ahí que hable de *falso placer* e *ignorancia*. Unos instantes

antes pensábamos que era lo mejor que podíamos hacer, y unos instantes después nos sentimos abatidas por un profundo sentimiento de culpabilidad.

- El hambre mental la gestionamos desde la mente y, en general, somos capaces de parar de comer cuando es suficiente. El hambre por abundancia se presenta antes de empezar a comer; nos servimos de más y luego no podemos terminar lo que tenemos en el plato. El perfeccionismo toca los dos extremos: si consideramos que estamos comiendo bien, la mente es lo bastante fuerte para elegir cuándo detener la ingesta; en cambio, cuando pasamos al otro extremo y sentimos que lo hemos hecho mal porque hemos comido algo de más, puede «rendirse» y llevarnos a comer en exceso. Es decir, si según la mente lo estamos haciendo bien, puede mantener este comportamiento a rajatabla; pero si incurrimos en la menor «transgresión», tira la toalla y nos induce a comer todo aquello que nos habíamos prohibido durante el tiempo en que considerábamos que estábamos «haciendo lo correcto». Esta relación con la comida indica mucha rigidez, y nos da la pista de que es muy posible que estemos afrontando la vida desde un estado mental lleno de inflexibilidad.

CUADERNO DE CAMPO

Te propongo un ejercicio para la próxima semana:

- Toma conciencia de qué tipo de hambre tienes (física, mental o emocional).
- Si es física, pregúntate: *¿tengo el estómago vacío?*, *¿cómo puedo evitar llegar a ese grado de hambre que me hace caer en la sobreingesta?*, *¿de qué tipo de nutrientes es rico el comestible que me pide el cuerpo continuamente?*, *¿cómo puedo*

darle al cuerpo ese tipo de nutriente por medio de otro alimento más saludable?

- Si es mental, pregúntate: ¿desde dónde como?, ¿cuánta rigidez hay en mi vida?, ¿puedo sentir más lo que necesito, en vez de comer desde la mente y desde lo que alguien me dijo o recomendó?, ¿soy consciente de que soy la persona que más sabe lo que necesito?
- Si es emocional, pregúntate: ¿qué tipo de hambre emocional tengo?, ¿qué necesito en este momento?, ¿de qué tengo hambre realmente?
- Puede ocurrir que no sepas si el hambre que tienes es física, mental o emocional. En estos casos, prueba a contestar todas las preguntas que te hago en los tres párrafos anteriores. Puede ayudarte, también, apuntar en cada comida cuánta hambre tienes (del 1 al 10), dónde la sientes (en qué parte del cuerpo), cuándo la sientes (en qué momento del día, con qué personas, qué estás haciendo o no haciendo) y qué has comido (qué tipo de alimento).
- Al cabo de una semana, echa un vistazo a todo lo que has ido apuntando. ¿Qué tipos de hambre tienes?
- ¿Qué te llama la atención al responder estas preguntas? ¿Qué puedes hacer para empezar a hacer pequeños cambios en relación con tus tipos de hambre para sentirte mejor contigo misma?

¿DE DÓNDE VENGO? MIS RAÍCES

¿Qué frases se decían en tu familia, relacionadas con la alimentación, cuando eras pequeña? ¿Hasta qué punto influye la relación con tus padres, sobre todo con la figura materna, en tu forma de comer?

El lugar en el que nacemos, nuestra familia, la sociedad en la que vivimos, lo que comemos, lo que hacemos..., todo influye en nuestro camino y lo marca. En ocasiones una tiene la sensación de que elige, pero según pasa el tiempo comprendemos que elegimos menos de lo que nos pensamos. Repetimos, sin darnos cuenta, patrones y rutinas de nuestros mayores; reproducimos y evitamos comportamientos «buenos» y «malos» en función de dónde vivimos y con quién. Si no estamos atentas, actuamos de forma automática según lo que creemos que se espera de nosotras, lo cual nos aleja de nuestro centro, porque no hacemos lo que realmente queremos.

Desde que nacemos empezamos a relacionar la comida con nuestra madre, pues ella es quien nos nutre a través de su leche. Lloramos y nos da alimento; esta es una forma en que obtenemos consuelo, amor, ternura y cariño. La relación madre-hijo se establece en la infancia y nos afecta a lo largo de toda nuestra vida. Puede ser la puerta de entrada al chantaje emocional y la dependencia por parte del niño o la niña (que, de forma más bien inconsciente, decide comer cuando no querría hacerlo para llamar la atención de sus progenitores o hacerlos felices) o por parte del padre o la madre (que prometen una chuchería a su vástago o lo elogian si come lo que le indican). Así, desde pequeñas, con la mejor voluntad por parte de nuestros padres, nos van enseñando a confiar más en lo que los demás «creen» que es mejor para nosotras que en lo que nosotras realmente creemos.

En una ocasión, una madre me contaba que su hijo, de tres años y con múltiples alergias alimentarias, había aprendido a utilizar ciertas frases cuando algo no le gustaba: «Yo no puedo comer eso; soy alérgico». Muchos de esos alimentos los podía tomar, pero ¡qué rápida es la mente y cómo la utilizamos a nuestro antojo! Desde pequeños empezamos a asociar el alimento con las emociones, y utilizamos la comida para taparlas como si fuera un sustitutivo. De esta manera nos olvidamos del verdadero sentido de la alimentación: nutrirnos, generar energía y mantener la vida.

En consecuencia dejamos, poco a poco, de confiar en nuestro instinto, y adquirimos ciertos patrones de defensa para protegernos de situaciones que, en nuestra infancia o adolescencia, no

TU RELACIÓN CON LA COMIDA HABLA DE TI

supimos gestionar de otra manera. Además de adquirir los hábitos de nuestros padres, buenos o no tan buenos, también nos van separando de lo que nos dice el cuerpo. De esta forma dejamos de escucharnos y, entre otras cosas, aprendemos a comer en exceso, porque representa que no somos una «buena niña» o un «buen niño» a menos que nos terminemos todo lo que tenemos en el plato. Nos olvidamos de que nuestro cuerpo sabe mejor que nadie qué es lo que necesitamos en cada momento.

Podemos preguntarnos: *¿qué hago en función de los demás y qué hago por mí misma?, ¿qué quiero realmente?, ¿qué situaciones no supe gestionar y me hicieron acudir en su día a la comida, lo cual generó en mí un patrón conductual?, ¿cómo puedo aprender a gestionar estas situaciones desde el ser adulto que soy sin necesidad de acudir a la comida?*

La respuesta que demos a estas preguntas nos ayudará a aceptarnos y a cambiar nuestros hábitos alimentarios.

EFECTO DE LAS DIETAS

De pequeñas nos dicen qué es lo mejor para nosotras, y de mayores... ¡comienza la etapa de las dietas para adelgazar!, bien para prepararnos para el verano, bien para asistir a una boda, bien para... lo que sea.

Da igual. Las dietas no funcionan. Si vemos las estadísticas, el 96 % de las personas que hacen dieta recuperan más kilos de peso de los que perdieron. ¿Por qué no funcionan? Entre otros motivos, porque nos prohíben unas cosas y nos obligan a otras, y todo lo que nos fuerza a tener comportamientos extremos nos genera enfado y rebeldía, como ocurre cuando le decimos a un niño «no corras» o «no grites»: el niño tiene más ganas de correr o de gritar. Es normal, porque *aquello a lo que nos resistimos, persiste*.

Otro motivo por el que las dietas no funcionan es porque, de nuevo, renunciamos a nuestra intuición para hacer caso a un(a) médico(a), nutricionista o naturópata; o para ser fieles a un estilo de vida, a los preceptos de una religión o a un tipo de alimentación.

Hasta que un día nos cansamos y decidimos que vamos a «pasar de todo»: «Estoy harta de seguir dietas; voy a comer lo que me apetezca».

¡Enhorabuena! Si esto lo hiciéramos de verdad sería maravilloso, porque empezaríamos a escuchar nuestro cuerpo. El problema viene cuando en vez de acudir a los alimentos que nos hacen sentir bien de verdad, acudimos a aquellos que hemos tenido prohibidos: los que contienen calorías vacías (harinas, levaduras y azúcares: bollos, palmeras, dulces de todo tipo), los cuales generan energía rápidamente –y nos la quitan al poco tiempo, por la bajada de glucosa que producen en la sangre– y nos hacen ganar peso, porque no sacian –producen ansiedad y crean la necesidad de comer más; y, así, fomentan la ingesta emocional–.

De esta manera, nos alimentamos de una forma que no es acorde con los requisitos del cuerpo, al que no escuchamos, y nos generamos unas necesidades que no corresponden a la nutrición física de nuestro organismo. Solemos comer desde la mente. Esto nos hace desconectar de nosotras mismas hasta el punto de que cuando percibimos la señal de alarma (si llegamos a hacerlo) es porque ya estamos tocando fondo.

Por supuesto, nunca es tarde, si bien es cierto que cuanto antes detectemos la necesidad de cambio, antes nos pondremos manos a la obra y comenzaremos a resolver los conflictos emocionales que hay detrás de nuestra forma de comer.

Uno de los caminos que a mí, personalmente, más me ha ayudado a estar atenta y detectar mis patrones en relación con la alimentación ha sido el del yoga, del que hablaremos en la cuarta parte del libro.

Si eres una de las muchas personas que llevan toda la vida siguiendo dietas, mi consejo es que las dejes y comiences a escucharte y a confiar en ti. Quizá en las primeras semanas, o incluso meses, abuses de esos alimentos que has tenido prohibidos tanto tiempo. Es normal; no te preocupes. No tenses la cuerda hasta que estalle el atracón; come un poco esos productos si te apetece. Pero saboréalos, mastícalos; observa cómo llenan tu boca, su textura, su temperatura. Las necesidades de tu cuerpo irán cambiando y llegará el día en que elegirás, disfrutándolo, aquello que más le conviene a tu organismo.

Cuando llegue este momento, habrás empezado a comunicarte contigo misma; habrás descubierto tus necesidades y habrás conectado con tu sabiduría interior.

¿POR QUÉ QUIERO DULCE? ¿CÓMO GESTIONO EL ESTRÉS?

Vivimos en la sociedad del estrés, la falta de tiempo y las carreras. Queremos hacer muchas cosas y llegar a todo. En ocasiones nos vemos superadas por lo que tenemos entre manos. Sentimos que no tenemos recursos (que no tenemos los medios suficientes y necesarios para lidiar con algo). Este es el origen del estrés. El hecho de no vernos capaces de hacer frente a una situación concreta activa una respuesta por parte del organismo que nos afecta a todos los niveles.

Al principio de estas páginas hablábamos de cómo el ser humano responde a la necesidad de comer desde la premisa de la escasez, no de la abundancia y el exceso. Recordarás que indicábamos que nuestro cuerpo responde ahora de igual manera a como lo hacía en el Paleolítico, cuando había que salir a cazar para comer o huir de un animal feroz. Eran situaciones de estrés, pero una vez pasado el peligro, el cuerpo volvía a funcionar de manera normal y todo volvía a la calma.

Entonces, el estrés no siempre es malo. En un momento dado nos da energía para sentirnos capaces de cualquier cosa (cuando tenemos que cuidar a una persona enferma, o estudiar para un examen que tenemos al día siguiente, etc.).

El problema es que nuestro cuerpo se prepara ante el estrés como si fuésemos a implicarnos en una actividad física peligrosa.

Aún no se ha adaptado a la nueva sociedad, en la que el estrés no se produce como respuesta a una situación propia de la sabana africana, sino dentro de una oficina delante de un ordenador. El desajuste que tiene lugar entre la respuesta del organismo y las necesidades de la sociedad es el responsable del efecto tan negativo que tiene el estrés en la actualidad. Cuando no sabemos gestionarlo, se vuelve crónico, y genera graves problemas de salud (tensión arterial alta, insomnio, depresión, trombosis, falta de memoria, falta de concentración, falta de energía) y problemas digestivos (estreñimiento, colon irritable, hinchazón).

Ante el estrés, el cuerpo nos pide azúcar en forma de chocolate o cualquier tipo de hidrato de carbono refinado para recuperar rápidamente la energía que, supuestamente, hemos perdido. Pero lo que realmente nos está pidiendo al reclamar azúcar es que nos relajemos y cuidemos más.

Si no escuchamos este mensaje entramos en un círculo vicioso muy negativo, que perjudica gravemente nuestra salud y fomenta el estrés, la ansiedad y el hambre emocional. El azúcar nos aporta energía enseguida, pero después nos la quita, al hacer trabajar mucho al organismo para obtener la insulina generada en el páncreas, necesaria para bajar el nivel de azúcar en sangre. Además, acidifica el organismo y debilita el sistema inmunitario. Por otro lado, cuanto más azúcar ingerimos más nos pide el cuerpo, lo que nos provoca una gran dependencia de esta sustancia.

ALIMENTOS A EVITAR SI TENEMOS ESTRÉS	
Azúcar	Queso
Café	Alcohol
Carne	Drogas
Embutidos	Tabaco

Tabla 1.

Los alimentos que debemos evitar si tenemos estrés aparecen reflejados en la tabla 1. Y estos son los alimentos que debemos ingerir si queremos gestionar y reducir el estrés:

- Arroz integral, quinoa, avena, cebada, trigo sarraceno..., por ser ricos en magnesio. De todos ellos, la avena es uno de los alimentos que más nos ayudan a relajarnos. Los cereales integrales es mejor tomarlos en grano que en forma de pan o copos. El pan, los copos y las harinas inflaman el intestino, algo que, combinado con el estrés, aumenta el malestar.
- Pescado, aguacate, frutos secos..., por ser ricos en triptófano. Crudos o cocinados sin mucho aceite.
- Legumbres, verduras y productos integrales, por ser ricos en fibra. Cocinados durante mucho tiempo para eliminar los antinutrientes (de los que hablamos en la segunda parte del libro).
- Frutas y verduras crudas o cocinadas por debajo de los 60 grados, para aprovechar las enzimas y vitaminas.
- Germen de trigo, levadura de cerveza y lecitina de soja, por ser ricos en antioxidantes.
- Pescado, semillas de lino, nueces (por ser ricos en omega 3) y cúrcuma (por ser un antiinflamatorio natural).

Cuando el estrés está presente, suele ser habitual entrar en el círculo vicioso de comer cualquier cosa y no cocinar porque no tenemos tiempo. Esto nos genera más estrés, dormimos peor, tomamos más café y la situación sigue empeorando: se generan más estrés y más ansiedad.

¿Recuerdas el triángulo del Amor - Vida - Comida de la figura 1? Si esta dinámica se mantiene en el tiempo, va a afectar muy negativamente a nuestro sistema nervioso y a nuestra salud en general.

Cuando el cuerpo te pida dulce, acuérdate de preguntarte:

- *¿De quién no recibo amor? ¿De mi pareja, de mí misma, de mis padres (ahora o cuando era niña), de mis amigos? ¿Cómo se manifiesta esta falta de amor? Es decir, ¿vivo la carencia de amor directamente, como no sentirme querida, o se expresa más indirectamente, en actitudes como hacer siempre lo que quieren los demás olvidándome de mí misma, o comiendo algo que sé que es malo para mi salud?*
- *¿Cómo puedo empezar a darme más amor a mí misma?*

Haz que esto sea tu prioridad, porque mientras sigas sin darte importancia, las ganas de dulce no se irán.

- *¿Hasta qué punto me estoy forzando? ¿Descanso las horas que necesito? ¿Tengo el horario demasiado apretado? ¿El cuerpo me está pidiendo parar y descansar?*
- *¿Qué puedo dejar de hacer? ¿Cómo conseguir que «hacer menos» sea una prioridad?*

Mientras no pongas freno a tu grado de actividad, las ganas de dulce no se irán.

CUADERNO DE CAMPO

1. ¿Cómo te afecta el estrés en tu día a día? ¿Y cómo repercute en tu forma de comer? ¿Por dónde puedes empezar para conseguir reducirlo?
2. ¿Te pide dulce tu cuerpo? ¿Cuándo te lo pide? ¿Con quién estás o con quién no estás en ese momento? Este antojo ¿tiene que ver con la falta de amor hacia ti misma? ¿Tal vez con la falta de descanso?

MOMENTO ATRACÓN

Hace poco, una persona entraba en la consulta y me decía: «Vengo para que me des una colleja. Ya estoy harta; necesito perder estos kilos de más».

A estas alturas, te puedes imaginar lo que le contesté: ¿cómo vamos a perder el peso que nos sobra si lo que estamos haciendo es machacarnos? Imagina que necesitas pedir un favor a un amigo; ¿lo harías dándole una colleja? ¿Crees que así conseguirías su ayuda? Aunque la consiguieras, ¿cómo te sentirías después? Yo me sentiría mal.

Lo mismo ocurre con los kilos de más. Si queremos que se vayan, ¿cómo vamos a conseguirlo odiándolos y rechazándolos? Esta actitud es la expresión de una falta de amor total hacia nosotras mismas, de la que los kilos nos protegen, precisamente. La grasa nos protege del frío; nos da calor cuando el mundo exterior es cruel y no conseguimos hacer frente a los desafíos que la vida nos plantea. La grasa nos separa del mundo exterior, y cuanto más la odiamos, más prolifera.

Si pretendemos adelgazar, debemos empezar por querernos más. Debemos atendernos y darnos cariño, abrazos, escucha, amor y ternura. Si, en lugar de ello, empezamos a seguir dietas, a frustrarnos, a odiarnos, a detestar esa parte de nuestro cuerpo en la que está el michelín de turno, nuestro malestar aumentará, nos daremos más atracones, comeremos en exceso para darnos ese amor que no nos damos de otra forma en nuestra vida, y los kilos también aumentarán.

La comida simboliza el amor hacia una misma. Lo que nos dice el cuerpo cuando comemos de más es que no estamos encontrando ese amor en nuestra vida, tal vez porque estamos buscándolo fuera y se nos olvida que solo podemos saciarlo si lo dirigimos hacia nosotras mismas. No vamos a encontrar ese amor fuera hasta que no aprendamos a amarnos, o, lo que es lo mismo, a aceptarnos. Esta es la única forma en la que conseguiremos poner fin a los atracones. El cuerpo, mientras tanto, nos da este mensaje siempre que abusamos de la comida: *quiérete más*.

Por lo tanto, cada vez que te des un atracón, analiza qué está pasando alrededor de ese comportamiento que suponga un acto de desamor hacia ti.

Y lo mismo ocurre cuando perdemos el apetito. Cuando alguien dice que solo come porque hay que comer, lo que nos está diciendo es que, de alguna manera, se está negando a vivir. El alimento nos nutre y genera lo que somos. Cuando tenemos el estómago cerrado o no tenemos hambre, nos estamos cerrando a la vida.

Quizá esta falta de apetito tenga su origen en una enfermedad, o en la falta de amor propio y autoestima, o en una pérdida significativa que nos colma de tristeza, o en la falta de motivación. O tal vez nos hemos enamorado y esas mariposas en el estómago nos nutren igual o más que los alimentos y no necesitamos comer. En cualquier caso, podemos preguntarnos: *¿qué hay detrás de mi falta de hambre?, ¿hasta qué punto soy feliz con mi vida?*

Cuando a pesar de ser suficiente lo que hemos ingerido no paramos de comer, estamos pensando que no somos capaces de dejarlo, y nos negamos la opción de aquello que nos proporcionaría una verdadera satisfacción. Nos cerramos a nuestra voluntad y dejamos que el alimento nos controle. Si alguna vez has conseguido dejar de comer sencillamente porque era suficiente, porque no necesitabas más, podrás entender por qué digo que nos negamos la opción de aquello que nos satisfaría verdaderamente.

Afrontar el momento de la comida desde el punto de vista prohibicionista y restringir la ingesta por el miedo a darnos un atracón, con el estrés que esto conlleva, en vez de darnos la oportunidad de sentirnos ligeras por medio de parar de comer antes de estar llenas, solo hace que el problema aumente. Ir contra el atracón no sirve de nada. Utilízalo para conocerte, para que te ayude a hacerte más fuerte en vez de debilitarte; dale un nuevo enfoque.

Si, a pesar de todo lo que estés poniendo en práctica, llega la tentación del atracón y te dejas arrastrar, no pasa nada; no te culpes. Puedes aprovechar y vivir la experiencia de manera distinta a otras veces:

- Toma conciencia y reconoce que estás dándote un atracón. No reconocerlo te quita poder (y responsabilidad).
- Siéntate y mastica lo más despacio que puedas (no vayas en contra de esa «necesidad» de comer).
- Observa y siente el alimento en tu boca a través de todos los sentidos. Percibe su sabor, textura, temperatura... Puesto que te lo vas a comer de todos modos, aprovecha para conectar con tu cuerpo, incluso para disfrutar mientras lo haces.
- Cuando hayas dado varios bocados, permítete levantarte y ponerte delante de un espejo. Observa tu cuerpo y tócalo; reconoce tus brazos, tu pecho, tu abdomen... Mírate a los ojos y sonríete. Si necesitas seguir comiendo, continúa. Di para tus adentros: «Soy más que esta boca y esta necesidad de comer».
- Dite a ti misma en voz alta qué echas de menos, y si puedes identificar aquello que intentas tapar con la comida: «echo de menos mirarme y gustarme»; «echo de menos sentirme capaz de quererme»; «echo de menos disfrutar de la vida»; «echo de menos una pareja»; «echo de menos que mi jefa reconozca mi buen trabajo»; «echo de menos que mi padre me diga que está orgulloso de mí».

De esta forma te haces consciente del atracón, que deja así de ser automático, y te conectas contigo misma. Al principio te darás cuenta de que te has atiborrado cuando hayas terminado, pero confía en que llegará un día en el que te darás cuenta en el transcurso del atracón, o incluso justo antes de permitírtelo. Ese día te será más fácil sonreírte. Poco a poco te darás cuenta de que llevas tiempo sin darte un atracón y de que, además, no lo necesitas. Cuanto más conscientes nos volvemos, menos incurrimos en la sobreingesta. Al mismo tiempo, es muy probable que despertemos a una nueva conciencia de lo que hacemos y decimos en otras áreas de nuestra vida. La ausencia de dicha conciencia es lo que nos produce el malestar.

El círculo vicioso se hace más grande cuando, tras el atracón, aparece el sentimiento de culpa y el autoodio. Si sabemos que el atracón es fruto de la falta de amor hacia una misma, la solución consiste en darnos amor. Por este motivo, prueba a darte un baño, recibe un masaje, sal a dar un paseo, llama a algún amigo... Realiza cualquier actividad con la que sientas que te estás cuidando y ofreciéndote amor. Para algunas personas, salir a que les den un masaje significa todo lo contrario a darse amor, porque lo consideran sinónimo de buscar el amor fuera cuando no somos capaces de dárnoslo o no tenemos a nadie que nos dé el masaje. Si es tu caso, olvídate del tema. Busca lo que a ti te haga sentir como un ser único al percibir que te cuidas y te das amor.

No te fustigues por haberte dado el atracón; somos humanos y cometemos errores. Lo hecho ya no podemos cambiarlo. Lo que sí podemos hacer es aprender de la experiencia y preguntarnos: *¿qué puedo aprender del atracón?, ¿qué lo ha producido?, ¿cómo me sentía?, ¿qué haré la próxima vez?*

Al reflexionar sobre estas preguntas, seguro que podemos aprender algo para el futuro, y en este caso, ¡el atracón sirvió de algo!

Sobre todo, no te castigues con dejar de comer al día siguiente. El hecho de castigarnos, de la manera que sea, solo hace aumentar el malestar y las ganas de comer más, a lo cual hay que añadir la sensación de no sentirnos nunca saciadas. Recuerda la tríada Amor - Comida - Bienestar.

ME TRATO CON TERNURA Y COMPASIÓN

A lo largo de este apartado vamos a conocer herramientas para empezar a tenernos más en cuenta, a desarrollar la ternura y la compasión hacia nosotras mismas, igual que hacemos con un recién nacido. ¿Conectas con esa sensación al imaginarte con un bebé en tus brazos?

Vamos a poner como ejemplo nuestra relación con la comida. Alrededor de esta hay una gran cantidad de sufrimiento, que en muchos casos condiciona la confianza y la seguridad que tenemos en nosotras. Nos decimos cosas terribles con relación a nuestro cuerpo y a nuestra imagen, y esto fomenta la baja autoestima y el hambre emocional.

Para desarrollar la autocompasión puede ayudarnos lo siguiente:

- Reconocer que estamos teniendo malos sentimientos hacia nosotras y ser conscientes de los pensamientos que nos generan esos sentimientos negativos.

El punto de partida debe ser la aceptación de lo que está pasando. Por ejemplo, puede ser que nos cueste reconocer que nuestro cuerpo está cambiando y engordando, y que tapemos esta realidad. Si es así, también revestiremos los pensamientos y sentimientos negativos que tenemos hacia nosotras, como si no pasara nada. Puedes imaginarte el efecto tan grande que tiene esta actitud en nuestro bienestar y en nuestra hambre emocional. Recuerdo el caso de una persona que acudió a la consulta; me contó que al principio no quería ver su exceso de peso. Reconoció que no se miraba al espejo para no ver esos kilos de más, hasta que el dolor de rodillas se hizo tan grande que no tuvo más remedio que plantar cara al problema. Porque, además, cuanto más quería esconderlo y hacer como si no pasara nada, más comía. Cualquier actitud que refleje que no estamos aceptando que hay algo que no nos gusta y que no nos estamos tratando con ternura puede hacernos acudir a la comida como vía de escape.

- Reconocer y poner nombre a lo que realmente nos molesta.

¿Cuál es tu lista? Ejemplos de elementos y circunstancias que pueden incomodarnos pueden ser nuestra tripa (hinchada), los atracones o el hecho de comer hasta sentirnos muy llenas.

Tras reconocer qué es lo que realmente nos molesta y, posiblemente, nos enoja y nos hace comer de más, es importante que nos preguntemos si esos pensamientos negativos nos ayudan a solucionar lo que en este momento vemos como un problema. Por ejemplo, imagina que me veo gorda y no me gusto, y reconozco estos pensamientos: «¡Otra vez estoy igual! He comido hasta sentir que voy a explotar. No aprendo, no tengo fuerza de voluntad, no soy capaz de cambiar las cosas, nadie me va a querer así». Por supuesto, esta dinámica de pensamiento me produce un sentimiento de inferioridad, baja autoestima, falta de autoconfianza, etc., y está claro que no me ayuda a reducir el hambre emocional. Esta forma de pensar no solo no me induce a comer menos la próxima vez, sino que me hace aumentar la ansiedad, la cual me provoca la necesidad de comer en exceso y me hace sentir mucho peor.

- Elegir cambiar esos pensamientos y hablarnos mejor, para reducir el sufrimiento.

Debemos darnos cuenta de que esos pensamientos que tenemos no solucionan el problema, sino que empeoran la forma en que vivimos lo que está ocurriendo. Como antídoto, hablémonos con ternura y amabilidad, como haríamos con una amiga o con cualquier persona a la que amáramos y que estuviera pasando por lo mismo por lo que estamos pasando nosotras en este momento.

Cuanto más ponemos en práctica estos tres pasos, antes nos salta la alarma de los pensamientos negativos que queremos cambiar. Y la autocompasión y la ternura hacia nosotras mismas se van convirtiendo, poco a poco, en la actitud habitual y natural.

Lo que buscamos con la autocompasión es aumentar los buenos sentimientos hacia nosotras, sobre todo cuando estamos sufriendo por haber hecho algo de una manera que consideramos incorrecta o por sentir que lo podíamos haber hecho mejor, lo cual nos ha llevado a enjuiciarnos, autocriticarnos y arrepentirnos.

Estamos en la vida para aprender. ¿Qué sentido tendría todo si el objetivo no fuera nuestro crecimiento y evolución como personas? No podemos pretender hacerlo todo bien. El sufrimiento va a estar presente, en mayor o menor medida, mientras vivamos. Aceptar que forma parte de la vida y no mirar hacia otra parte cuando aparece, como si no pasara nada, nos ayuda a gestionarlo y reducirlo.

La compasión implica la intención de aliviar el sufrimiento. Es diferente a la resignación o a vernos como víctimas. Resignación sería no hacer nada por cambiar las cosas. Y actuar desde el victimismo sería decirnos cosas del estilo «pobre de mí, no consigo un mejor trabajo por mi peso», o «con este cuerpo, quién va a quererme»... De esta forma culpamos a los kilos de más por no conseguir aquello que creemos que puede aportarnos bienestar. Pero como ya hemos comentado, el peso, como tal, no es culpable de nada; sí lo son los pensamientos que tenemos sobre el mismo. Un pensamiento poco compasivo hacia nosotras nos hace brillar menos y mostrarnos más inseguras; y tal vez sea esa emanación y esa forma de actuar lo que evite que consigamos el trabajo o la pareja que deseamos.

Tenemos, aunque no seamos conscientes de ello, el poder y la capacidad de elegir lo que pensamos, en gran medida. Conformarnos con ciertos tipos de pensamientos es vivir de forma mediocre y resignarnos. ¿Es este el tipo de vida que queremos? Yo no.

Cuando nos resignamos y nos dejamos llevar por los pensamientos, sin más, estamos decidiendo de forma impulsiva, sin acudir a la autorreflexión, y esto puede ser la causa de que vivamos desde la sensación continua de culpabilidad y la autocrítica. En cambio, cuando desarrollamos la autorreflexión, esta empieza a formar parte de nuestra vida. De esta forma aprendemos a elegir desde la serenidad y la tranquilidad. El resultado es que descubrimos unas soluciones mucho más efectivas.

Al elegir desde la tranquilidad dejamos de ser víctimas; nos hacemos responsables y esto nos da poder, seguridad y bienestar, además de mayor claridad mental.

La autocompasión —la intención consciente y profunda de reducir nuestro sufrimiento por medio de ser más amables con nosotras mismas a partir de cambiar los patrones que nos producen dolor— ayuda a que el hambre emocional desaparezca, ya que a través de este buscamos darnos el amor que no sabemos darnos de otra manera.

CUADERNO DE CAMPO

1. ¿Sientes ternura hacia ti misma en el día a día?
2. ¿Cómo puedes ser más autocompasiva?
3. ¿Qué patrones de conducta, con relación a cómo te hablas, te gustaría cambiar? ¿Qué podrías hacer para cambiarlos?

¿CÓMO GESTIONO MIS EMOCIONES?

Hace ya tiempo, me di cuenta de que no expresaba mi rabia. Fue en un taller de teatro en el que me pidieron que cruzara una piscina imaginaria, cada vez en relación con una emoción distinta. Con la alegría, la tristeza, el amor, etc., no hubo problema; sentía la emoción en mi cuerpo y mi forma de caminar y de moverme era diferente con cada una de ellas. Pero cuando llegó el momento de mostrar enfado y rabia, ¡fui incapaz de hacerlo y no crucé la piscina!

Tiempo después, me he dado cuenta de que este bloqueo es mucho más habitual de lo que me imaginaba, sobre todo entre las mujeres. Así como existe la creencia de que *los hombres no lloran*, también está la de que *las mujeres no se enfadan*. En consonancia con ello, tenía asumido que mostrar rabia está mal visto; si lo hiciese, me revelaría vulnerable e imperfecta, y yo quería ser perfecta. Ese afán de perfeccionismo, de ser buena, de hacer lo correcto, me había llevado a no reconocer ni mostrar mi enfado.

Detrás del hambre emocional puede haber una característica que no queremos que los demás vean. Cuando presentamos a los otros una imagen que no se corresponde con nuestra verdadera manera de ser, en lo más profundo de nosotras se genera un enfado que nos puede llevar a la ingesta emocional.

Descubrir qué emoción, o emociones, nos cuesta más expresar es otra vía para conocernos y trabajar nuestra hambre emocional. También es importante que sepamos cuál es la razón por la que no queremos que los demás vean ese aspecto de nosotras. En mi caso, no quería mostrar la rabia para no dejar mi debilidad al descubierto.

La mente es muy lista, por lo que debemos tener en cuenta que, normalmente, la emoción que exponemos no es la que subyace a la situación. Voy a ilustrar este punto. Imagina que estamos enfadadas con una persona porque no nos llama nunca. Si observamos en qué parte del cuerpo sentimos el enfado, lo respiramos y tratamos de aceptarlo, aparecerá enseguida una emoción diferente, quizá la tristeza, por no poder contar con nuestra amiga cuando la necesitamos. Si seguimos sintiendo la emoción en nuestro cuerpo, respirándola y tratando de aceptarla, probablemente aparecerá otra, quizá el miedo a quedarnos solas. Así es cómo, de forma secuencial, una emoción tapa a otra, y esta a otra, y así sucesivamente.

En mi caso, el hecho de no mostrar la ira tapaba el miedo a mostrarme imperfecta, el cual tapaba el miedo a que no me quisieran, el cual tapaba el miedo a la soledad. Ahora bien, cuando una decide que va a expresar su enfado, no quiere decir que en adelante se dedicará a gritar o agredir (verbalmente) a los demás. Lo que hice fue empezar a decir no a lo que no quería hacer, lo cual me ayudó a sentirme más segura de mí misma y a darme más valor. También empecé a llevar la contraria cuando no estaba de acuerdo con lo que otros hacían o decían, y a quejarme si sentía que se estaba produciendo una injusticia. Todo ello ha hecho que me importe menos lo que opinen sobre mí (no quiere decir que no me afecte), y me ha ayudado a fortalecer la idea de que la gente que me quiere no me va a querer menos porque me muestre tal como soy. De hecho, ha ocurrido lo contrario: cuando reconocí los patrones limitantes que estaban en juego y decidí valorarme y manifestarme tal como soy, los demás pasaron a valorarme también más.

CUADERNO DE CAMPO

1. ¿Qué emoción te cuesta más expresar? Cierra los ojos e imagina un momento de tu vida en que te hubiera gustado mostrarla y no lo hiciste.

   - Presta atención en tu día a día a esa emoción. ¿En qué momentos te gustaría expresarla? ¿Cómo podrías hacerlo? ¿Qué podría impedírtelo? Cierra los ojos y visualízate manifestando esa emoción. ¿Cómo lo harías? ¿Cómo crees que te sentirías?
   - Prueba a poner nombre a lo que sientes, para ir reconociendo la secuencia de emociones paulatinamente. Es decir, detecta qué hay debajo de lo que sientes en este momento, qué hay debajo de eso, y prosigue hasta que consideres que has llegado a la emoción inicial que desencadenó la secuencia.
   - ¿Qué puedes hacer para dejar de tapar esas emociones?

2. ¿Qué emoción es la que más expresas? ¿Lo haces para encubrir otras que te resultan desagradables?

VÍAS DE ESCAPE

Cuando no sabemos gestionar la incomodidad, ya sea en relación con una situación que estamos viviendo o con respecto a algo que sentimos, buscamos vías de escape. Detectarlas nos da la oportunidad de conocernos, porque es justo cuando nos abstenemos de utilizarlas y nos paramos cuando aparecen los miedos. Entonces podemos respirarlos y mirarlos de frente para trascenderlos.

Todo el día estamos disponibles para una multitud de personas a través del correo electrónico, el WhatsApp, las redes sociales... Y, sin embargo, es la época en la que la sensación de soledad está más presente. El 24,7 % de los españoles vivían solos en 2015, y se calcula que en 2031 este porcentaje ascenderá al 28,6 %.

¿Cuántas veces miras el WhatsApp cada día? Hace unos meses me olvidé el móvil en casa; ¿te ha pasado alguna vez? Entré en pánico. Si le pasaba algo a alguien, ¡no podían avisarme! ¿No es de locos? Desde que me di cuenta de hasta qué punto dependía del teléfono, elijo dejarlo en casa de vez en cuando, o no cargarlo cuando se acaba la batería, o apagar los datos varias horas al día. Si quiero ser libre, ¿cómo puedo depender tanto de algo?

Otra vía de escape muy recurrente cuando no estamos bien es entregarnos al trabajo de forma desmedida, a modo de refugio. Posiblemente has pasado por esto, o conoces a alguien que se encuentra en esta situación. Es más fácil caer en ello si se tiene un trabajo de prestigio que «eleva la autoestima» y hace que una se sienta «realizada».

Otras vías de escape son las compras compulsivas, el sexo, el juego, las drogas, el alcohol o el tabaco. También puede ser la comida, cuando llega a controlarnos (si dejamos que nos controle).

> **Si cuando llegas a casa enciendes el televisor o el ordenador, pones música, mandas un whatsapp, llamas a alguien por teléfono o te pones a comer, prueba a no hacerlo. Todo ello son actos de autosabotaje que te impiden conectar con el miedo al vacío. Siéntate, respira y cierra los ojos.**

Si te detienes y respiras en lugar de «escaparte» es posible que, al principio, sientas angustia o malestar. Estas sensaciones tapan, sin que seas consciente de ello, el vacío que sientes; a su vez, las cubres por medio de todo aquello que te dices que «tienes que hacer». Te invito a que renuncies a estas excusas y hagas lo siguiente en esos momentos:

> **Prueba a ser. Observa el malestar, reconócelo.**
> **¿Cómo gestionas la incomodidad?**

CAPÍTULO 3

Elijo y expreso lo que necesito

¿LOS MIEDOS ME IMPIDEN SER ASERTIVA?

Una de mis clientas fue una mujer de treinta y seis años que tenía obesidad y quería dejar de darse atracones. Teníamos sesiones semanales, en las que empezaron a aparecer sus miedos: a ser juzgada, a fracasar, a la soledad, a que no la quisieran, a no tener dinero, a la pareja, a que la pusieran en duda, a que su vida no tuviera sentido, a no disfrutar, a no salir del círculo negativo en el que se había metido en relación con la comida, a no saber quién era.

¿Te resuena alguno de estos miedos? A mí sí.

Esta persona vivía con su madre y me contaba cómo se daba atracones cuando discutía con ella, algo que era cada vez más habitual. Fuimos tirando del hilo, hasta que se dio cuenta de que se pasaba el día complaciendo a los demás: a la jefa, a las amigas, al vecino o a cualquier persona que se cruzaba con ella... ¡A todo el mundo menos a su madre! Su actitud complaciente se debía al miedo que tenía a que no la aceptaran, a que no la quisieran, a que la pusieran en duda. Esto la hacía enfadarse consigo misma por no mostrarse tal cual era, sino según lo que ella creía que esperaban los demás. Y ¿sobre quién vertía su ira reprimida?, pues sobre su madre, al llegar a casa. Pasaba de la sumisión absoluta a la tiranía hacia su progenitora. Esto le generaba culpabilidad, lo cual la hacía acudir a la comida, una y otra vez. Las creencias que albergaba, del tipo «mi vida es así y no puede cambiar» o «así soy yo y nunca saldré de aquí», contribuían a sostener su comportamiento.

La relación que mantenía con su madre la ayudó a ver uno de los orígenes del problema: la falta de asertividad. La asertividad es la capacidad de no faltar al respeto a nadie y a la vez no someterse, en las situaciones de conflicto. Es la capacidad de creer en una misma y dar la propia opinión respetando la del otro.

La primera persona que le venía a la mente cuando pensaba en su actitud sumisa era su jefa. Y por ahí empezamos.

Comenzamos a trabajar con el cuerpo físico. Le indiqué que se pusiera en la postura que adoptaba cuando hablaba con su jefa, cerramos los ojos y le pedí que describiera su cuerpo. Dijo que estaba rígido, encogido y muy tenso. Cambiar de postura puede ser muy útil, sobre todo cuando nos da miedo afrontar una situación. No tenemos que hablar ni decir nada nuevo o diferente; basta con que cambiemos la postura y nuestra conciencia corporal.

Ante una situación en la que nos gustaría ser más asertivas, puede beneficiarnos mucho trabajar con la postura y con nuestra forma de comunicarnos, siguiendo tres pasos:

1. Visualizar nuestra postura ideal en la situación concreta que queremos cambiar.

Mi clienta y yo cerramos los ojos de nuevo y le pedí que describiera cómo le gustaría que fuera su postura. La describió como relajada, con la espalda erguida y la mirada al frente.

2. Observarnos cuando vivimos la situación real y, poco a poco, hacer que nuestra postura vaya coincidiendo con la ideal.

Durante varias semanas, mi clienta estuvo llevando su atención a la postura mientras hablaba con su jefa; cada vez se iba acercando más a la que había visualizado. Juntas aprendimos a relajar el cuerpo, y consiguió hablar con su jefa con el cuerpo relajado, la espalda erguida y la mirada al frente.

3. Cambiar la forma de comunicarnos en la situación real.

Empezó a expresarse con mayor asertividad: «sí, pero...»; «sí, lo sé, pero mi punto de vista es...»; «estoy de acuerdo, pero...».

El hecho de ser más asertiva hizo que pasase a experimentar menos odio hacia sí misma. Se concibió más valiosa, lo cual hizo que la relación con su madre fuese cambiando paulatinamente; y, en consecuencia, los atracones se redujeron hasta desaparecer.

Las creencias que la ayudaron en su proceso fueron estas: *tengo derecho a ser oída* y *tengo derecho a decir NO*. Las repetía cada vez que se acordaba de ello (por la mañana, antes de acostarse, antes de entrar en el trabajo, etc.).

CUADERNO DE CAMPO

Te propongo un ejercicio para trabajar tu asertividad:

* Identifica cómo reaccionas ante un conflicto: ¿lo evitas?, ¿impones tu opinión o la defiendes a la vez que escuchas la de los demás?
* Detecta tus fortalezas: ¿en qué eres buena?

- ¿En qué situaciones de la vida te sientes asertiva? ¿Con quién estás? ¿Qué estás haciendo? ¿Desde dónde te relacionas en esas situaciones? ¿Cómo te sientes?
- ¿En qué situaciones de la vida te gustaría sentirte asertiva y percibes que no lo eres? ¿Depende de con quién estás? ¿Qué estás haciendo en esos momentos? ¿Desde dónde te relacionas en esos casos? ¿Cómo te sientes?
- ¿Cómo podrías lidiar con esas mismas situaciones con asertividad? ¿Qué podrías hacer la próxima vez? Cierra los ojos y visualízate haciéndolo. Abre los ojos y escribe qué vas a conseguir gracias a ser más asertiva.
- Escribe y visualiza cómo será tu postura, cómo te moverás, cómo mirarás, cómo hablarás cuando seas asertiva.

TENGO DERECHO A DECIR NO

La dificultad a la hora de decir «no» tiene que ver con el miedo a la falta de aceptación y con las expectativas que creemos que tienen sobre nosotras otras personas, tanto en el aspecto personal como en el profesional. Hasta que no tomemos conciencia de esto, seguiremos enfadadas con nosotras mismas y acudiendo a la comida como medio de castigo por no haber sido capaces de decir que no.

En la consulta he observado que dicho castigo puede ser debido al hecho de que no nos permitimos disfrutar, ya sea de una comida, de una relación amorosa, de una relación sexual, de un día hermoso con la familia, etc. La represión del disfrute suele estar asociada a un gran enfado con una misma y un gran sentimiento de culpa.

El origen del miedo a decir no también puede ser el miedo al conflicto. Para evitar las situaciones incómodas evitamos decir no, y lo que ocurre entonces es que entramos en conflicto con nosotras mismas. Nos generamos el enfado para evitar que otra persona se enoje con nosotras... Es un comportamiento curioso en el que incurrimos sin darnos cuenta.

Si nos cuesta decir no y este comportamiento hace que nos sintamos enfadadas, puede sernos de gran ayuda poner en práctica los cuatro puntos siguientes para empezar a responder según lo que sentimos realmente:

- Ponernos primero; decirnos sí a nosotras mismas.
- Tener muy presentes los beneficios que nos aporta decir no cuando queremos decir no.
- Ser más asertivas.
- Decir no sin necesidad de justificarnos, teniendo presente que tenemos este derecho.

CUADERNO DE CAMPO

1. ¿Cuándo y cuánto tienes suficiente con la comida? ¿Cuándo paras de comer? Y en tu vida, ¿te permites parar y descansar? ¿Y poner límites?
2. Piensa en algo a lo que normalmente accedes cuando realmente querrías negarte. Prueba a decir no la próxima vez que estés en esa situación. ¿Cómo te sientes al poner límites?
3. Te propongo responder a estas preguntas para que puedas determinar hasta qué punto eres asertiva:

- ¿Expresas tus enfados? ¿Cómo lo haces?
- ¿Efectúas preguntas para que se resuelvan tus dudas cuando estás en un aula, en el trabajo o en una conferencia?
- ¿Defiendes tu punto de vista cuando los demás manifiestan otra opinión?
- Si alguien te pide que hagas algo que no quieres hacer, ¿le dices que no quieres hacerlo?
- ¿Te justificas cuando dices que no a algo?

• ¿Miras a los ojos de los demás cuando hablas con ellos?

Si has respondido sí, ¡eres una persona asertiva! Si has respondido que no, el siguiente apartado te puede resultar muy interesante.

MI AUTOESTIMA: APRENDO A RECIBIR Y A PEDIR

El miedo que subyace a nuestro patrón alimentario no desaparece por el hecho de encontrarlo, pero sí se debilita. Fundamentalmente, este descubrimiento nos ayuda a entender para qué acudimos a la comida y a saber qué es lo que no queremos ver. Y, sobre todo, se debilita la repercusión tan negativa que tiene en nuestra salud la ingesta emocional.

Uno de los principales efectos negativos de la relación compulsiva que tenemos con la comida es la falta de autoestima que nos genera. Y la autoestima está muy relacionada con la asertividad que veíamos en los apartados anteriores.

La asertividad —la firmeza en las propias convicciones respetando las de los demás— fomenta la autoestima, y esta, a su vez, nos hace ser más asertivas.

La poca autoestima, la duda, la inseguridad, la falta de autoconfianza y el sometimiento al entorno son justo la otra cara de la moneda del autoritarismo, la imposición y el hecho de ver la propia verdad como única. Si queremos ser asertivas necesitamos escucharnos, saber lo que queremos, no someternos y, a la vez, escuchar al prójimo; incluso debemos estar abiertas a la posibilidad de que lo que diga el otro pueda hacernos cambiar de opinión.

En ocasiones puede ocurrir que la falta de autoestima sea generada por la duda, por un desconocimiento de lo que realmente queremos. Me viene a la cabeza una persona que, hace poco, cuando le pregunté qué hacía en el día a día para cuidarse, me contestó: «Nunca pienso en mí; no hago nada por mí». Era una persona que había tenido un cáncer de mama el año anterior, y hacía unos meses le habían diagnosticado una enfermedad autoinmune, poliartritis reumatoide. ¿Cómo no iba a atacarse a sí mismo su cuerpo si, a pesar de estar enferma, seguía sin prestar atención a sus necesidades y poniendo siempre a los demás primero? No se sentía importante, y lo que hacía el cuerpo era llamar su atención por medio de gritarle: «¡Hazme caso!». Cuando miramos a los demás y dejamos de vernos a nosotras mismas es porque el miedo que nos produce reconocernos y no gustarnos es tan grande que preferimos girar la cabeza hacia otro lado y pensar en lo bien que lo estamos haciendo al ocuparnos de otros; buscamos sentir que somos muy buenas a causa de ello. El problema es que a veces damos aunque no se nos pida. Es un autoengaño; otra forma de tapar nuestras carencias y no verlas. Esta forma de actuar, ese cuidar en exceso a los demás, genera en los otros una deuda, que se convierte en manipulación emocional cuando esperamos de ellos, o les exigimos, que nos paguen con la misma moneda. Cuando no lo hacen experimentamos una gran sensación de abandono y frustración, que puede desembocar en el chantaje emocional.

Quizá llevamos tanto tiempo haciendo lo que pensamos que los demás esperan recibir de nosotras, sin preguntarnos lo que nosotras mismas necesitamos, que se nos ha olvidado la opción de escucharnos y marcarnos un objetivo. Esto nos plantea dificultades a la hora de dar nuestra opinión y expresar nuestros sentimientos.

- *¿Qué necesitas ahora mismo en tu vida?*
- *¿Eres capaz de recibir?*
- *¿Das más o recibes más?*

Cuando, sin darnos cuenta, no paramos de dar y nos olvidamos de recibir, generamos un desequilibrio y padecemos una falta de energía que solo recuperamos acudiendo a la comida.

Piensa en un momento de tu vida en el que alguien reconoció que hiciste un buen trabajo. ¿Cómo respondiste? ¿Fuiste capaz de dar un simple «gracias»? ¿O te sentiste mal y dijiste «¡qué va!, tampoco es para tanto»? Aprender a recibir es todo un arte.

Suele ocurrir que en unas situaciones nos sentimos asertivas y en otras no, en función de con quién estamos, dónde nos encontramos y qué estamos haciendo. Por ello, podemos empezar por recibir conscientemente en las situaciones en las que nos resulte más cómodo.

Recibir tiene que ver también con pedir. Si un amigo te pide un favor, ¿cómo reaccionas? Y ¿qué ocurre cuando eres tú quien necesita uno? ¿Lo pides fácilmente?

Recuerda un momento de tu vida en el que necesitaste algo. ¿Fuiste capaz de pedirlo? ¿Cómo lo hiciste?

> **Si quieres ser más asertiva, aprende a pedir.**

Las personas que llegan a la consulta con ganas de adelgazar, comer mejor o reducir los atracones tienen una característica en común: tienen dificultades para pedir. Por lo general, nos cuesta mucho más recibir que dar. Al recibir creemos que nos quedamos en deuda, que tendremos que devolver en la misma medida, y esta sensación no nos gusta. El problema es que partimos de un concepto del amor equivocado: damos esperando que se nos devuelva, y esto no es amor incondicional, verdadero. Aprender a amar desde el corazón, dar por el mero placer de dar, disfrutar con el gozo de la persona que tenemos delante y empatizar con esa emoción va de la mano con aprender a recibir sin sentir que tenemos que devolver lo mismo. Asumimos que la otra persona nos ha dado voluntariamente, que ha elegido ofrecernos ese regalo por amor.

Aprendemos desde pequeñas que si nos damos a nosotras mismas somos egoístas. Y en muchas ocasiones observo que acudir a la comida es una forma de darnos sin sentirnos egoístas, ya que comer hay que comer. Es una forma de darnos sin que los demás se den cuenta; ni siquiera nosotras somos conscientes de que nos estamos gratificando.

Recuerdo a una paciente que trabajaba todo el día, volvía a casa, bañaba a los niños, cenaban, los acostaba y en ese momento le entraba un hambre feroz y se ponía a comer sin medida. Se había pasado el día dando a los demás, y a través del atracón de la noche obtenía lo que no había recibido durante el día: ayuda y amor.

¿Qué es lo que te da el alimento que no consigues de otra manera? ¿Te atreves a pedir lo que necesitas?

¿Te dice algo la frase siguiente? «Solo cocino cuando están mi marido o mis hijos; si estoy sola, me apaño con cualquier cosa».

¿Por qué? Hay quien contesta que con el fin de descansar, pero ¿qué hay detrás de esta afirmación? Pues falta de amor propio y autoestima: *no me lo merezco*; *no soy tan importante como para cocinar para mí*, es lo que nos estamos diciendo inconscientemente.

Pensamos que lo hacemos por nosotras, pero en realidad lo hacemos en contra de nosotras. Porque cocinar para una es un acto de amor dirigido hacia una misma.

Cuando no queremos ver esto y lo que nos decimos es que no cocinamos porque queremos descansar, nos estamos dejando de querer y cuidar, y estamos fomentando la ingesta emocional.

Prueba a no cocinar un día en el que estén todos tus hijos en casa; diles que estás cansada. ¿Se te pasa por la cabeza? ¿Por qué, entonces, lo piensas cuando estás sola?

¿Cómo puedes mandarte más amor a ti misma?

Cocinar es una forma de recibir maravillosa, porque nutrimos nuestra mente y nuestras emociones a través del cuidado que nos ofrecemos, y, al mismo tiempo, nutrimos nuestro cuerpo físico.

Situaciones como la de no cocinar para una misma tienen relación con la baja autoestima.

La autoestima guarda una relación directa con la forma en que nos vemos. Esta visión se genera, sobre todo, en la adolescencia, y tiene que ver con el grado en que nos sentimos criticadas por los demás y en que nos autocriticamos. Las personas con baja autoestima no suelen gustarse a sí mismas ni aceptarse tal como son.

Cuando tenemos baja la autoestima solemos compararnos con los demás; comparamos nuestra sensación mental o emocional con la percepción de cómo creemos que está el otro. Tendemos a hacer esto cuando nos sentimos mal, cuando estamos en la sombra, y solemos fijarnos en quien, desde fuera, parece brillar, en quien parece que está en la luz. Se nos olvida que todos, todos, absolutamente todos los seres humanos tenemos una parte de luz y una parte de sombra, y que todos, en algún momento, sufrimos y lo pasamos mal. Y todos, en algún momento, nos comparamos y queremos estar en el otro lado. Pero para eso está el aprendizaje y el trabajo personal, para detectar estos pensamientos lo antes posible y derivarlos hacia otro lugar. ¿Hacia cuál? En mi experiencia personal, me ha ayudado mucho agradecer. Cuando me doy cuenta de que estoy en la sombra, de que estoy criticándome, juzgándome o comparándome, comienzo a agradecer todo lo que tengo; incluso hago listas de agradecimientos para la vida, y me salen miles. Es decir, cambio un pensamiento por otro, reconozco el que me gustaría cambiar, acepto que está ahí y, conscientemente, empiezo a agradecer. Paso de buscar lo que me falta a encontrar lo que tengo. Paso de la escasez a la abundancia. Y esto me hace sentir plena, me da fuerza y poder, me da seguridad y confianza para seguir adelante.

Cuando nuestra autoestima es baja y nos comparamos, hay falta de aceptación. No acepto lo que soy, quiero ser diferente, y ese diferente lo juzgo como mejor. ¿Mejor con respecto a qué? Cuando aprendemos a aceptarnos tal como somos, con la parte oscura y la parte de luz, dejamos de compararnos y la autoestima aumenta. ¿Cómo podemos incrementar esta? A través de estos comportamientos:

- Conocernos: reconociendo lo que nos gusta de nosotras, potenciándolo y cambiando lo que no nos gusta.
- Ser proactivas, en vez de reactivas, para tomar las riendas de nuestra vida.
- Hacernos responsables de lo que somos.
- Cambiar nuestras acciones.
- Dejar de hacernos las víctimas.
- Aprender a dar sin esperar nada a cambio.
- Aprender a recibir sin sentirnos en deuda.
- Ponernos en primer lugar, escucharnos y marcarnos un objetivo.
- Reconocer y agradecer lo que tenemos.
- Aceptarnos.

CUADERNO DE CAMPO

Contesta estas preguntas:

- ¿Qué puedes hacer para aumentar tu autoestima?
- ¿Aceptas lo que ha ocurrido a lo largo de tu vida? ¿Hay algo que puedas hacer?
- ¿Aceptas lo que ocurre hoy en tu vida? ¿Hay algo que puedas hacer?

YO PUEDO

Como estamos viendo, hay muchos miedos ocultos detrás de nuestra forma de comer. ¿Los reconoces? ¿Cómo los gestionas?

Cuando aflora un miedo y lo reconozco, a mí personalmente me ayuda decirme: «Yo puedo».

Es una frase que me da mucha energía y fuerza en los momentos en los que dudo de mí misma.

Me viene a la mente una anécdota que siempre me recuerda mi padre. Contando yo unos siete años, me propuso salir en bicicleta del pueblo donde vivíamos y hacer un par de kilómetros hasta llegar a lo alto de la montaña (una zona que llamamos los Ariales) para encontrarnos allí con mi madre, que llegaba en coche desde Madrid. Mi bicicleta era muy vieja; entre otras cosas, le bailaba la rueda de delante, que rozaba con la horquilla, de manera que quedaba un poco frenada. Esto dificultaba mi marcha. Mi padre me decía: «¿Puedes?», «¿Paramos?», «¿Estás cansada?», y le contestaba: «No, no; yo puedo. Yo puedo». Gracias a mi cabezonería, llegué a los Ariales, y allí nos encontramos con mi madre. Aún recuerdo la sensación de satisfacción, alegría y autorrealización que me invadió.

> **Cada vez que me digo «yo puedo» conecto con esa sensación y ese momento, y me siento capaz de cualquier cosa.**

A ti, ¿qué te ayuda a vencer tus miedos y a sacar todas las fuerzas, la voluntad y las ganas de conseguir algo?

Cierra los ojos, lleva tu mente hacia atrás y busca algún momento de tu vida en el que conseguiste algo que te hizo muy feliz: quizá aprobar un examen, conocer a alguien a quien admirabas, trabajar en lo que te gusta, correr un medio maratón..., lo que sea. Recuerda cómo fue ese momento. ¿Cómo te sentías al haber logrado tu objetivo? ¿Cómo te relacionabas con las personas de tu entorno? ¿Con quién compartiste esa circunstancia?

¿Te ayuda el recuerdo de ese momento a motivarte para encontrar la forma de alcanzar nuevas metas? ¿Qué puede conectarte con esa sensación de satisfacción? ¿Quizá escribir en un papel cómo te sentías y llevarlo siempre contigo? ¿O llevar un anillo que te conecte con esa sensación al verlo o tocarlo? ¿Tal vez contar con una canción que te evoque el estado deseado al tararearla o escucharla?

Encuentra aquello que te sirva para automotivarte, no porque te produzca un efecto de origen externo, sino porque te lleve a conectar con la sensación de plenitud, alegría y gozo asociada a un logro. Cuando conectamos con esa motivación íntima que nos da fuerza para continuar con decisión por el camino de la vida, accedemos a un lugar donde apenas existen los miedos o donde estos son muy livianos, dado que la voluntad de ser y la aspiración iluminan las sombras de la mente.

¿Qué te dices cuando necesitas fuerza para conseguir algo? ¿Tienes alguna frase que te ayude a sacar energía de donde no pensabas que la tenías? ¿Cuentas con alguna declaración o amuleto para vencer los miedos?

CONTROL Y AUTOEXIGENCIA

¿Cuánto te exiges? ¿Cuánto y cuándo es suficiente? ¿Qué hay detrás del control que ejerces?

El origen de todos los miedos es el miedo a la muerte, la máxima pérdida.

La muerte es una incertidumbre, aunque por otro lado es lo más cierto de la vida. ¿Qué hay después? No lo sabemos. No saber qué va a pasar ni lo que nos espera, no entender cuál es el significado de la vida ni para qué vivimos, entre otras muchas incógnitas, nos causa desasosiego. La incertidumbre sobre las cuestiones más trascendentales, y también sobre las más cotidianas, es otro factor que puede hacernos acudir a la comida.

El desasosiego que nos produce el hecho de no saber tiene que ver con nuestra necesidad de controlar todo, algo muy común en Occidente. Uno de los primeros aprendizajes que obtenemos cuando vamos a la India, o a otro país oriental, es el de soltar, dejar que las circunstancias vayan dándose; se trata de hacer lo mejor que podamos, lo que esté en nuestra mano, y aceptar lo que llegue. Controlar todo es imposible, porque muchas cosas no dependen de nosotras. El anhelo de certidumbre solo puede traernos frustración.

La necesidad de control tiene que ver con la búsqueda de la perfección. Queremos que todo esté en su sitio, bien guardado y empaquetado. ¿Te identificas con esta actitud? Yo sí. Tiene que ver con mostrarme perfecta, con el miedo a no gustar y a que no me acepten. Y resulta que un día supe que aun siendo casi perfecta según el ideal que me había creado mentalmente, y que tanto me costaba mantener —porque me forzaba a ser algo que yo no era—, había personas a las que no gustaba, que podían criticarme. Y me pregunté: «¿Para qué tanto esfuerzo?».

Me di cuenta de que siendo imperfecta, siendo yo misma, era y soy más feliz. Desde entonces miro y abrazo mi imperfección, sin ponerme nerviosa; incluso me río de mí misma en momentos en los que, en otra época, casi me habría puesto a llorar o habría tenido ansiedad. Recuerdo una de esas ocasiones, cuando la empresa en la que trabajaba me envió a Boston a dar una charla, por supuesto en inglés. Mi conocimiento de este idioma era medio, lo cual, unido a la presencia de los jefes y del resto de compañeros, que me miraban y preguntaban sobre la situación económica en España en plena crisis —tema que no sabía ni cómo empezar a abordar—, hacía que no encontrase las palabras. Mi mente no paraba de decir: «Tierra, trágame». A ello hay que añadir esos juegos que algunas empresas, esta en particular, plantean para saber cómo reaccionan los empleados ante el estrés. En mi caso, me nombraron jefa de equipo a las siete de la tarde para preparar una presentación que debía exponer al día siguiente a las nueve de la mañana sobre un tema que no recuerdo. Me sentí como un ratón de laboratorio que está siendo analizado. Creo que esa noche fue una de las más largas de mi vida; mi nivel de estrés estaba por las nubes, lloré y me prometí no estar allí el próximo año. Eso sí, al día siguiente salí con mi equipo delante de todos, y defendí la presentación. Al cabo de un año, alrededor de esas fechas, estaba dejando la empresa. ¡Aprendí tanto de esa experiencia! Me faltó reírme de la situación y, por supuesto, aceptarme y mostrarme tal como era. Desde entonces no se ha vuelto a repetir la misma circunstancia, pero se han producido otras que también me han generado estrés, inseguridad y sensación de falta de control. Y te puedo asegurar que la forma que he tenido de enfocarlo ha sido muy diferente.

El exceso de control es una defensa ante el miedo. Valoramos que una determinada situación es amenazadora y respondemos desde el estrés. Nos estamos quitando valor; no estamos confiando en nosotras. Y algo que me encuentro a menudo es que utilizamos la comida como un acto de rebeldía frente a nuestro control excesivo. Vivimos, sin saberlo, conteniendo emociones, exigiéndonos perfección, siendo poco compasivas con nosotras mismas, prohibiéndonos una serie de cosas y obligándonos a otras tantas. Y, de manera inconsciente, el cuerpo, como decía una persona en la consulta, nos pide chispa. El hecho de saltarnos las normas y hacer lo contrario a lo que está bien visto nos aporta el placer y la excitación que no nos permitimos en la vida. Cuando tenemos este comportamiento en relación con la comida, hacemos lo contrario a lo que nos recomiendan hacer para perder peso; y, de alguna forma, sentimos ese momento como muy placentero gracias a la respuesta hormonal que nos da el organismo. *¿Qué te parece buscar la chispa en tu vida de una manera distinta, que te haga bien?* Te propongo que seas tú quien elijas cómo encontrar esa chispa.

Me viene a la mente el caso de otra persona, que asistió a un taller que impartía sobre hambre emocional. Hicimos una visualización en la que conectábamos nuestra forma de comer con nuestra forma de vivir. Esta persona contaba cómo, a través de la visualización, se había dado cuenta de que los atracones que se daba con todo tipo de alimentos crujientes —como galletas, frutos secos, pipas...— tenían su origen en la necesidad tan grande que tenía de romper con el exceso de control, de desbloquear, de crujir su vida. Y es que...

> **Todo cambio aterra: hay que dejar atrás algo a lo que estamos apegadas, y mirar hacia un futuro que desconocemos y que nos genera incertidumbre.**

CUADERNO DE CAMPO

1. ¿Cuánto te exiges? ¿Qué podrías hacer para exigirte menos?
2. Haz una lista de cosas que quieres y no tienes (por ejemplo, conseguir cierto trabajo, ser madre, pesar diez kilos menos...; escribe todo lo que te venga a la cabeza). Después responde estas preguntas:

   - ¿Conoces a alguien que haya conseguido lo que tú te has propuesto? ¿Son felices estas personas? ¿Qué harás de manera distinta cuando logres eso? ¡Empieza a hacerlo ya! Imagina que lo que quieres es estar delgada, y que siempre has pensado que cuando lo estuvieras te pondrías un pantalón de color morado o un vestido rojo. Prueba a ponértelo ahora. ¿Por qué esperar?

3. Haz una lista de cosas que querías y has conseguido (por ejemplo, obtener cierto empleo, aprobar un examen, hacer un viaje al Perú, adelgazar diez kilos...; escribe todo lo que te venga a la cabeza). A continuación, responde estas preguntas:

- ¿Qué has conseguido al tenerlas? ¿Qué aprendizaje te llevas?

4. ¿Sientes que eres una persona muy controladora? ¿Te cuesta gestionar la incertidumbre y no saber qué va a pasar mañana? Si sientes que esta necesidad de control está presente en tu vida, te propongo que pruebes a ir soltándola poco a poco. Aquí hay unas recomendaciones que pueden ayudarte:

- No decidas lo que vas a hacer el próximo día libre que tengas. Permítete levantarte y decidir qué quieres hacer en el momento.
- Utiliza más las palabras *sobre la marcha* en tu día a día.
- No preguntes más de lo necesario; deja que las circunstancias se vayan dando.
- Confía en las personas de tu alrededor; saben hacer lo que deben. Evita confirmar con tu compañero de trabajo si hizo lo que tenía encomendado, o con tu hijo si se acordó de llevarse el bocadillo del almuerzo, o con tu pareja si se acordó de comprar el billete de avión para el fin de semana.
- Siéntate, cierra los ojos, respira hondo y examina lo siguiente: ¿está muy programada tu vida?, ¿de dónde viene esa necesidad de control?, ¿dónde la sientes en tu cuerpo?
- Haz una lista de situaciones que sientes que controlas en exceso y que te gustaría no necesitar controlar. ¿Qué podrías hacer al respecto? Haz una lista con los pequeños cambios que te gustaría comenzar a aplicar en tu vida con relación a esas situaciones.
- Vete fuera unos días; uno, dos, los que puedas. Sin programar nada, sin reservar nada. Llega a la estación de tren o autobús y decide, sobre la marcha, adónde ir. Esta herramienta me ha servido enormemente para controlar menos las cosas.

INSACIABLE INSATISFACCIÓN

Vivimos en una sociedad en la que estamos permanentemente ocupados. Si paramos y nos limitamos a observar, nos parece que perdemos el tiempo. Recuerdo cuando estudiaba *coaching*, concretamente relacionado con la gestión del tiempo, y estaba buscando información sobre el tema. Leía cosas del tipo *el tiempo es un recurso finito*, *el tiempo es dinero*, etc. Estas declaraciones me agobiaban. Acababa de pasar por un período de mi vida en el que había trabajado en varias empresas en las que, efectivamente, el tiempo se traducía

TU RELACIÓN CON LA COMIDA HABLA DE TI

en dinero. Era casi más importante cumplir unos horarios que ser realmente efectiva. Por un lado, me generaba un rechazo absoluto leer esos mensajes, y, por otro, me identificaba con la necesidad de no poder perder ni un minuto en el día a día.

Desde pequeña aprendí a aprovechar el tiempo al máximo. Quienes me conocen bien lo saben. Soy una persona muy activa; siempre suelo estar haciendo algo. No conozco la palabra *aburrimiento*; si tengo un ratito libre aprovecho para leer un libro, informarme sobre algo que me interesa, hablar con un amigo, salir a correr, hacer yoga, meditar... Me encanta aprovechar el tiempo, la sensación de terminar el día habiendo cumplido la lista de tareas que tenía pendientes y programadas. Antes, incluso tenía en reserva dos o tres actividades adicionales por si aún dispusiera de un poco más de tiempo. Pero de repente, un día, me levanté y me pregunté:

> **¿Por qué corro tanto? ¿Para qué tanta prisa?**

Esta forma de vivir, esta sensación de búsqueda continua y, a la vez, de insatisfacción, puede ser el origen de nuestra hambre emocional. En mi experiencia, he encontrado que esta insatisfacción se manifiesta de distintas maneras:

- **Personas que me cuentan que comen cuando se sienten solas.** Me viene a la mente una frase que me decía hace poco una amiga que se ha ido a vivir fuera de España por un tiempo: «Suelo estar rodeada de gente, pero me siento sola. Y esta sensación me da hambre».
- **Personas que no tienen la sensación de apetito.** En un taller sobre hambre emocional, una participante me dijo: «Yo no siento hambre; tampoco me siento nunca llena. Como por puro placer; me gusta comer».

Esta persona quería perder peso y le propuse que, si no tenía hambre, aprovechara para servirse menos en el plato. Le sugerí que se permitiera sentir hambre en el estómago antes de empezar a comer.

A la semana siguiente, me dijo que no lo había hecho, que había algo en su interior que la impulsaba a comer cuando llegaban las tres de la tarde.

En el fondo, detrás de esa incapacidad de servirse menos en el plato, lo que había era miedo. Ella misma lo vio más adelante cuando se observó. Temía hacer las cosas de forma diferente, así como encontrarse con el vacío en el estómago y conectarse con su miedo a la soledad y la insatisfacción. No se permitía ese vacío porque tampoco se lo permitía en su vida. Hasta que no reconocemos que ese miedo existe, lo formulamos con palabras, lo sentimos y lo desvinculamos de la comida, no podemos dar un nuevo paso hacia el objetivo que tengamos con respecto a nuestra alimentación y crecimiento personal.

- **Personas que nunca se sacian, que siempre tienen hambre.**
  En este tipo de casos suelo preguntar: «¿Te sientes saciada con tu vida?».

El cuerpo es saciable; lo que es insaciable son las tensiones, los miedos, los apegos, las ganas de nuevas experiencias, el anhelo de más. De nuevo, nos encontramos con el miedo a la soledad: ¿cómo nos conectamos con los conceptos de *vacío* y de *suficiente*?

¿Cuándo paras de comer? ¿Cuándo es suficiente en tu vida?

Hace poco, una persona me decía en la consulta: «Lo he probado todo. Sé que como porque siento un gran vacío en mi interior y nada de lo que he probado llena ese vacío. ¿Qué puedo hacer? ¿Cómo lo lleno?».

Mi respuesta fue: «¿Y si quizá necesitas no llenar ese vacío y debes aprender a vivir con él? ¿Qué tal si reconoces que tu vida no es perfecta, te exiges menos y empiezas a disfrutar de las pequeñas cosas?».

Nos pasamos la vida buscando soluciones en el exterior, esperando que alguien nos dé la respuesta mágica que pondrá fin a todos nuestros problemas. En el caso de esta persona, estaba esperando que alguien pudiese llenar el vacío que sentía en su interior. Había dado el primer paso, el de reconocer que la causa de su hambre emocional era el sentimiento de vacío. Ahora bien, ¿qué hacer al respecto? ¿Cómo dar el segundo paso? No era realista que esa persona se plantease llenar el vacío. No iba a lograrlo, y su empeño solo le traería frustración e insatisfacción. Para esa persona, el segundo paso consistió en llevar a cabo un trabajo personal profundo destinado a que pudiese abrazar ese vacío y aceptarlo. Dejó la lucha por el tener, y comenzó a ser.

Cuanto más insatisfechas estamos con nuestra vida, más miedos despertamos en nuestro interior. Tener un trabajo que no nos llena, compartir la vida con alguien con quien no nos entendemos bien, centrar nuestra vista en el objetivo olvidándonos del camino... nos acaba generando la sensación de estar perdiéndonos algo. Es como si la vida estuviera pasando sin que nosotras estemos haciendo nada por cambiar las cosas, lo cual hace que aumenten los miedos, el malestar y la insatisfacción.

¿QUIÉN SOY?

En muchas ocasiones me encuentro en la consulta con personas que afirman tener mucha hambre emocional. Me dicen que lo tienen todo, o eso parece, pero se sienten vacías, mal, como si les faltara algo. A menudo, este algo es hambre de la faceta espiritual.

No conocernos, no saber quiénes somos, qué necesitamos, para qué estamos aquí, cuál es el sentido de la vida... nos hace comer de forma emocional.

¿Qué hacemos y para qué lo hacemos? ¿Qué somos en esencia?

La vida es una prueba de superación personal. Todos tenemos problemas, preocupaciones, debilidades, fortalezas, alegrías, miedos... La manera en que afrontamos cada situación determina nuestro grado de bienestar. Cuando orientamos la superación personal hacia el tener en vez de hacerlo hacia el ser, dependemos del exterior, y, además, sentimos que nunca es suficiente. En cambio, cuando nos centramos en desarrollar cualidades internas como la voluntad, la autoconciencia, la ecuanimidad, la autoestima, la gestión del sentimiento de culpa, etc., ello nos permite sacar lo mejor de nosotras, de las relaciones y de las situaciones que vivimos, y así despertamos el espacio de la serenidad, que es el que nos trae el verdadero bienestar.

Cuando fallece alguien cercano, u ocurre algo duro en nuestra vida, solemos reconocer el valor que esta tiene, y a menudo caemos en la cuenta de que nos estamos preocupando por tonterías y de que debemos dar importancia a lo que realmente la tiene.

¡Ojalá no se nos olvidara nunca esta sensación! La vida es algo tan grande, una oportunidad tan inmensa, que vivirla de forma mediocre es una ofensa hacia la naturaleza. Por eso aparecen los temores y el malestar, para fomentar el cambio. El hambre emocional tapa los miedos, pero si estos, al ser escuchados y superados, nos ayudan a plantearnos un cambio en la vida, ¡bienvenidos sean el hambre emocional y los miedos!

Cuanto más conscientes somos, cuanto más elegimos volitivamente, cuanto más responsables nos hacemos, más se reducen los temores.

> **¿Has tenido alguna vez la sensación de estar haciendo lo que debes (y quieres) hacer sin preocuparte por el resultado? ¡Es una sensación maravillosa!**

Estamos acostumbradas a mirar hacia fuera, a hacer muchas cosas, a estar muy activas. Si intentamos controlar la mente, esta se rebela. Esto ocurre, por ejemplo, cuando meditamos: llevamos la atención a la respiración y de repente nos damos cuenta de que estamos pensando en otra cosa, de que hemos perdido la cuenta. La voluntad y la conciencia se han separado.

> **Si no están presentes la voluntad y la conciencia, la mente se rebela fácilmente ante el control y lo desconocido. ¡Y las desconocidas somos nosotras!**

Mirar hacia dentro asusta; no estamos acostumbradas a hacerlo. Siempre estamos mirando hacia fuera para evitarlo.

¿Quién soy? ¿Para qué estoy aquí?

Si queremos evitar que el miedo nos bloquee y nos impida sacar nuestro potencial, necesitamos conocernos, conectar con nosotras, entender por qué y para qué hacemos lo que hacemos. Nuestra forma de alimentarnos puede ser el lugar desde el cual podemos empezar a tirar del hilo conductor que nos lleve a conseguirlo.

Mientras tiramos del hilo, caeremos y lo perderemos una y mil veces, pero si realmente estamos motivadas a conocernos y hacer las cosas mejor, nos levantaremos una y mil veces más, porque sabremos que el error es parte fundamental del aprendizaje. ¡Nadie dijo que conocerse fuera fácil! Pero ¿qué mejor motivo tenemos para vivir, aunque a veces nos haga sufrir?

¿QUÉ RESISTENCIAS TENGO?

Encuentro en la consulta a personas que a pesar de elegir hábitos de alimentación saludables, de descansar lo suficiente y de hacer ejercicio, no consiguen bajar de peso. El motivo son las resistencias inconscientes que tienen.

Estos son algunos ejemplos de resistencias que pueden hacer que no estemos adelgazando:

- La grasa y el exceso de peso nos protegen y aíslan del exterior. Esto puede ocurrir si en la niñez o la adolescencia percibimos que el mundo que nos rodeaba era cruel —no sabíamos cómo gestionar una situación y la tapamos aislándonos del exterior a través de la sobreingesta—. El factor conflictivo pudo ser un abuso, la mala relación entre nuestros padres, el mal ambiente familiar o cualquier otra situación que nos impactó. Este tipo de resistencia afecta especialmente a las personas muy sensibles.

- La grasa y el exceso de peso nos separan de las personas que tenemos cerca si sentimos que son demasiado protectoras y nos asfixian. El origen de este mecanismo de protección puede hallarse en la niñez, la adolescencia o la edad adulta. En su día no supimos gestionar esa sensación de agobio y la tapamos comiendo.

- La grasa y el exceso de peso pueden ser la consecuencia de creencias limitantes que llevamos toda la vida escuchando: «Somos de metabolismo lento y las mujeres de nuestra familia tenemos tendencia a engordar». De forma inconsciente, tenemos interiorizado este mensaje: *soy gorda por naturaleza y no puedo cambiar*. Podemos ir a cien nutricionistas, hacer todo tipo de dietas, frustrarnos, pasarlo mal, y no conseguiremos perder los kilos que nos sobran. Nos preguntaremos por qué las dietas no nos funcionan, por qué no tenemos fuerza de voluntad, por qué sufrimos tanto... Hasta que no nos demos cuenta de que tenemos anclado ese mensaje y nos demos permiso, de verdad, para eliminar esos kilos, no adelgazaremos.

- La grasa y el exceso de peso pueden tener su origen en el miedo a hacer mal las cosas, a no triunfar.

De una forma u otra, hay muchos factores del pasado que hacen que experimentemos resistencias en el presente. Hoy es el momento de gestionar eso. Como adultos somos capaces de reconocer lo que pasó, aceptarlo y acabar con dichas resistencias. Para conseguirlo, puede sernos útil hacer lo siguiente:

- Detectar la circunstancia o las circunstancias que en su día hicieron que tuviésemos la necesidad de protegernos a través del exceso de peso.
- Una vez detectado aquello que nos hizo engordar en su día, podemos preguntarnos si realmente necesitamos hoy ese peso de más para librarnos de la necesidad que tuvimos en el pasado. La respuesta, normalmente, es que no: «no, ya no necesito esa grasa para sentirme libre y no sentirme agobiada por mi madre»; «no, ya no necesito esa grasa para protegerme del mal ambiente que había en casa cuando era niña»; «no, ya no necesito esa grasa para evadirme del abuso que sufrí aquel día».
- Y, por último, si bien acumulamos grasa inconscientemente, ahora necesitamos mandar la orden de que ya no necesitamos ese exceso. Para ello, te sugiero que hagas la siguiente ceremonia, a solas: dispón un cuenco con agua, unas flores y un incienso, y enciende un pequeño fuego. Escribe en un papel, en un lado, los agradecimientos por la protección que el peso excesivo te ofreció en aquel momento en que lo necesitabas, y, en el otro lado, los motivos por los que ahora decides deshacerte de esa resistencia que ya no necesitas. Haz constar también que te das permiso para vivir sin esos kilos de más. Siguen a continuación, como ejemplo, declaraciones que puedes escribir en un lado: *Gracias, grasa, porque en esos momentos me hiciste sentir libre e independiente / contribuiste a que los gritos no penetraran dentro de mi corazón / me ayudaste a sentir que no estaba en mi cuerpo.* Y estos son ejemplos de declaraciones que puedes escribir en el otro lado: *Yo, desde el ser adulto, consciente y libre que soy, elijo darme permiso*

para perder estos kilos de más, ya que ahora no los necesito, porque me siento libre e independiente / el ambiente familiar en el que vivo es amable y amoroso / acepto y perdono lo que ocurrió. A continuación, quema el papel en el fuego, sintiendo que con este gesto cortas y desbloqueas la situación. Si no te sientes identificada con esta propuesta, encuentra la tuya; procura que sea algo personal con lo que sientas que, de alguna manera, estás mandando a tu parte inconsciente el mensaje de que se libre de la grasa sobrante.

ANTE LA CULPA APRENDO A PERDONARME

La culpa es una sensación de arrepentimiento; sentimos que llevamos una carga en la espalda que nos pesa y no nos permite vivir con plenitud.

Para eliminar la culpa, necesitamos perdonarnos. Esto no consiste en negar la situación; lo que debemos hacer es aceptarla y decidir liberarla de emociones, quitarnos un gran peso de encima. Cuando gestionamos mal la ira y la tapamos con la tristeza generamos culpa. Es decir, si cuando me doy un atracón no soy capaz de reconocer y gestionar el enfado que este me genera conmigo misma y, en cambio, me siento víctima de la situación, fomento mi sentimiento de culpa.

Ser capaces de perdonar nos da poder, nos hace más fuertes. En cambio, quedarnos atadas a lo que pasó nos convierte en víctimas. Por muy duro que sea lo que me ha hecho alguien, o lo que yo he hecho, solamente yo tengo el poder de liberarme de ello si dejo de ser mi propio verdugo. Soy mucho más que una experiencia, de manera que si me identifico con lo ocurrido y me juzgo por ello, mi autoestima se verá afectada. Si me juzgo solamente por algo dejo que la valoración de mí misma, mi autoestima, dependa de un solo suceso.

El pasado no lo puedo cambiar, pero sí puedo aceptar lo ocurrido y decidir pensar qué puedo hacer con lo sucedido para vivir mejor.

> **¿Qué me merezco hoy? ¿Qué elijo hoy? ¿Quién soy hoy?**

¿Cuál es mi verdadera esencia? Pregúntatelo, independientemente de lo que haya acontecido. Permítete dejar de pensar en lo que ha ocurrido y sé capaz de mirar hacia el futuro desde lo que eres: un ser maravilloso.

Hubo un momento en mi vida, cuando terminé la carrera —Derecho y Administración de Empresas—, en que me culpé y machaqué por haber estudiado algo que no me gustaba. Sentí que había perdido seis años. Empecé a trabajar en la empresa privada mientras seguía acusándome con frases como estas: «¿cómo elegiste esto?», «si hubieras estudiado otra cosa...», «es culpa tuya que estés aquí». Cuando llevaba unos meses en esa empresa, me empezó a interesar la alimentación energética. Comencé a estudiarla y decidí que si iba a estar un tiempo trabajando en aquel lugar quería disfrutarlo. Y encontré estas motivaciones intrínsecas: poder costearme los nuevos estudios, la experiencia de viajar por España y Estados Unidos, la oportunidad de conocer la empresa privada para poder decidir que no era lo que quería, y la ocasión de trabajar en equipo con unas personas que realmente sentía que valían la pena. Puedo asegurarte que me sentí perdida y culpable hasta que elegí mi camino. El trabajo personal conmigo misma, confiar en mí y ser autocompasiva, aceptar las decisiones que había tomado hasta ese momento y proyectarme hacia el futuro me sirvió para tener una cosa bien clara a pesar del bloqueo mental que experimentaba: no quería ese estilo de vida; y ello me motivó para perdonarme, desbloquearme, cambiar y enfocarme en lo que soy en la actualidad. Te puedo asegurar que, hoy, mi forma de vivir es totalmente diferente.

CUADERNO DE CAMPO

1. Mírate desnuda en el espejo. Lleva la atención a la zona de tu cuerpo que menos te gusta. Obsérvala con cariño y ternura. Masajéala. Posiblemente sea la primera vez que la tratas con tanto cuidado. ¿Cómo te sientes? Menciona tres cualidades amorosas de tu cuerpo, en voz alta.

2. ¿Cómo puedes darte amor por medios distintos de la comida? Haz una lista tan exhaustiva como puedas.

3. ¿Recuerdas que, al hablar de la autoestima, ponía el ejemplo de no cocinar para nosotras mismas cuando estamos solas en casa? Vamos a realizar un ejercicio para modificar este tipo de actitudes.

   - Escribe una lista, lo más larga posible, con todo aquello que haces en el día a día que no sea una expresión de amor hacia ti misma (por ejemplo, dormir poco, acostarte tarde, beber poca agua, no cocinar, dedicar tiempo a todo el mundo y restarlo a algo que es importante para ti...).
   - ¿Podrías cambiar algo en tu día a día con relación a estos actos de desamor?
   - Haz una lista, lo más extensa posible, con todo aquello que no llevas a cabo y que, sin embargo, supondría darte amor (por ejemplo, hacer yoga al levantarte, desayunar tranquila y sentada, acudir al gimnasio, ir a un concierto, asistir a una conferencia, permitirte no hacer nada...). Procura, sobre todo, que sean acciones (o no acciones) que te gustaría incorporar a tu vida cotidiana.
   - Por último, haz una lista, lo más larga posible, con todo aquello que haces en el día a día y que sea una expresión de amor hacia ti misma.

Cuando hablo de actos de amor o desamor hacia nosotras mismas, me refiero a actos que apreciamos como tales. Determina tú misma cuáles pueden ser según tus valores y según lo que sientas en este momento de tu vida. No hay nada bueno ni malo en sí; el juicio y el valor los pone cada una. Si salir a correr o comer sano es una obligación que sientes más como una carga que como un beneficio, pon esa actividad en la lista de actos de desamor hacia ti.

4. Recuerda alguna vez en que hayas parado de comer antes de sentirte llena, aun teniendo la posibilidad de seguir comiendo. ¿Qué estabas sintiendo? ¿Cuánto amor te estabas dando en ese momento? ¿En qué grado te sentiste libre al tomar esa decisión? Si no te acuerdas, ¿qué mejor momento que tu próxima comida para probarlo?

Parte II
¿QUÉ COMO?
Tierra

Me entierras y me ves nacer,
¡oh, madre tierra!
Me entierras y me ves nacer,
como una gota de agua hacia el océano.
Confías en mí, me nutres y me das tu fuerza,
todo lo que a mí me sobra vuelve a tu esencia.
Cada vez que canto, tu voz es mi piel,
vibra todo en mí...
¡Oh, madre tierra!

Eladio J. Verdú

«Hay gente que mira la tierra y ve tierra nomás».

Atahualpa Yupanqui

Introducción

A lo largo de esta parte vamos a analizar el aspecto más material de la alimentación: el elemento tierra, la nutrición más física. Ante cualquier perturbación que experimentemos en los ámbitos del sistema digestivo, las emociones o la cantidad de energía, podemos valorar, primero, si está presente un desequilibrio alimentario. Porque, como veremos a lo largo de las próximas páginas, el hambre emocional puede tener también su origen en una carencia nutricional.

Saber cómo se comportan los alimentos en nuestro organismo nos da libertad y responsabilidad a la hora de elegir cómo queremos sentirnos. Personalmente, este conocimiento sobre el efecto de los alimentos me ha ayudado a aumentar mi energía, a necesitar menos horas de sueño y, sobre todo, a escuchar mi cuerpo, a conectarme con él y a saber, en cada momento, lo que necesito, sobre todo cuando he estado enferma.

Según mi experiencia en la consulta, es raro que llegue alguien con el único objetivo de comer de forma más saludable. Algunas personas acuden con esta finalidad, pero la gran mayoría quieren resolver su hambre emocional o necesitan conocer el efecto terapéutico de los alimentos; buscan un complemento a cualquier tratamiento que estén siguiendo para curar un problema digestivo o cualquier otra patología.

Sea cual sea el motivo que te haya llevado a leer este libro, quiero compartir contigo cómo nos afectan los alimentos. Espero que ello te ayude a entenderte más, a ser más autocompasiva y a conectar con tus verdaderas necesidades. Todo tiene una razón de ser. Conectar con nuestra relación con la comida, observar nuestros hábitos de vida y empezar, poco a poco, a hacer pequeños cambios puede marcar un antes y un después en nuestra hambre emocional.

Lo que aquí planteo no es una dieta, sino sugerencias y propuestas para integrar poco a poco en el día a día. No son hábitos para poner en práctica solo con vistas al verano o a la boda de turno. Es mucho más; es una forma de vida, un aprendizaje para cambiar nuestra existencia, un conocimiento para hacernos responsables de cómo nos sentimos. Lo más importante es que seas tú quien decidas los pasos que vas a dar, que elijas por dónde empezar y cuándo hacerlo, que no te exijas demasiado y que lo disfrutes. No se trata de que incorpores una obligación más en tu vida, que seguro que ya estás llena de ellas, sino de que te hagas un regalo porque te quieres y deseas cuidarte.

Los alimentos son vida. Nos aportan la energía que necesitamos en nuestro día a día. Como sabemos, hay unos que contienen más vida que otros, según el tipo de transformación al que han sido sometidos, y esto va a influir en el efecto que tenga cada uno de ellos en nuestro organismo. No es lo mismo el grano de avena que la avena en copos o la harina de avena. El alimento más vivo es el que nos ofrece directamente la naturaleza. En el caso de la avena, es el grano, que es el que da lugar a una planta si lo echamos a la tierra y lo regamos. De los copos o la harina no va a crecer nada, por más que los reguemos; tienen menos vida y esto hará que nos aporten menos energía.

CAPÍTULO 4

Nutrientes y alimentos

NUTRIENTES Y ALIMENTOS

L os alimentos están formados por nutrientes, y es de estos de los que me gustaría empezar a hablar.

La absorción de nutrientes depende mucho más del estado de nuestra microbiota que de las calorías procedentes de un determinado alimento. Por ello, cuando basamos nuestra alimentación en la cantidad de gramos ingeridos, nos limitamos. Comemos desde la mente. Mi propuesta es que lo hagamos desde el sentir, desde la escucha, desde aprender a detenernos cuando tengamos suficiente y desde plantearnos un cambio a la hora de elegir los alimentos, la combinación de los mismos y las cantidades que ingerimos. No hace falta que nadie nos diga lo que tenemos que comer; nosotras ya lo sabemos. Solo necesitamos creer en nuestra intuición y en las señales que nos envía el cuerpo para reconocer si nos sentimos con más o menos energía, conectar con nuestro sistema digestivo y saber si lo que hemos comido nos sienta bien o nos da gases.

Los nutrientes que necesita el cuerpo son cinco; tres en mayor cantidad, los macronutrientes (los hidratos de carbono, las proteínas y las grasas) y dos en menor cantidad, los micronutrientes (las vitaminas y los minerales).

Si le damos a nuestro cuerpo los nutrientes que necesita, nos sentiremos saciadas; no tendremos que picar entre horas, nos olvidaremos de la comida hasta varias horas después y el hambre emocional desaparecerá.

Me resulta curioso que ciertas personas me digan que comer sano implica dedicar demasiado tiempo a la cocina, del que no disponen. Quienes hacen esta afirmación suelen malcomer llevándose a la boca cualquier alimento, y luego se pasan la mañana o la tarde picoteando, pensando todo el rato en la comida y en el hambre que tienen. Así es fácil que aparezcan los atracones y la culpabilidad. Como veremos más adelante, basta con dedicar alrededor de una hora al día para cocinar el conjunto de las tres o cuatro comidas que haremos de una manera que nos permita ser más efectivas, estar más concentradas y aprovechar mejor el tiempo que dediquemos a trabajar o a cualquier otra actividad. Te propongo que lo pruebes un par de semanas y luego decidas.

Ahora vamos a adentrarnos un poco más en los distintos tipos de nutrientes y en los alimentos más sanos que nos permiten cubrir nuestras necesidades nutricionales.

Prácticamente todos los alimentos contienen más de un nutriente diferente. Es difícil encontrar alguno que solo tenga proteínas o que solo tenga hidratos de carbono. Por este motivo, voy a clasificarlos según el nutriente que más abunda en ellos.

Hidratos de carbono

Los hidratos de carbono nos aportan energía en forma de glucosa. Se almacenan en el hígado y en los músculos y actúan como reserva energética. Además, forman parte de algunos tejidos, regulan el tránsito intestinal (si no están refinados), permiten ahorrar proteínas para que estas se utilicen para otras funciones que no sean energéticas y contribuyen a facilitar la contracción muscular. También ayudan a realizar la digestión, a mantener la temperatura corporal y a asimilar nutrientes.

Hay dos tipos de hidratos de carbono, los refinados y los complejos.

Los refinados han sido privados de parte de las vitaminas, minerales y fibra que contenían, que ayudaban, a su vez, a su propia absorción. Este tipo de hidratos de carbono se convierten en glucosa rápidamente; por ello, producen hiperglucemia al poco tiempo de ingerirlos —nos aportan mucha energía de golpe, incluso inducen hiperactividad en los niños—, a lo cual sigue la hipoglucemia, al poco rato —los niveles de glucosa en sangre bajan y nos quedamos sin energía—. El consumo diario de estos hidratos de carbono hará que tengamos un nivel de energía muy reducido y nos hará subir de peso.

Son ejemplos de hidratos de carbono refinados el azúcar, el pan blanco, el arroz blanco y la pasta blanca.

El otro tipo de hidratos de carbono, los complejos o integrales, contienen las vitaminas, los minerales y la fibra que necesitan para ser absorbidos correctamente. De esta forma, la glucosa llega al torrente sanguíneo poco a poco y no tienen lugar ni la hiperglucemia ni la hipoglucemia. El resultado es que contaremos con una energía más estable; además, experimentaremos mayor saciedad y necesitaremos ingerir menos cantidad de alimento, algo que deberemos tener muy en cuenta si queremos bajar de peso. Este tipo de hidratos de carbono evitarán que necesitemos tomar estimulantes (café, bebidas azucaradas, chocolate...) o hidratos de carbono refinados (bollos, galletas...) a media mañana o a media tarde para llegar al final del día.

Son hidratos de carbono complejos el arroz integral, la quinoa, el mijo, el trigo sarraceno, la avena, la cebada, el centeno, etc., en forma de granos. Y, también, alimentos procesados como harinas integrales, copos, pastas o panes sin refinar (integrales). Debemos tener en cuenta que es muy pertinente leer los ingredientes que constan en las etiquetas de los productos, puesto que es muy posible que aunque algo se venda como pan integral contenga harina de trigo refinado y salvado, además de levadura química. Un alimento de estas características es muy poco saludable; afectará negativamente a la microbiota y producirá inflamación intestinal. Los mejores panes son aquellos hechos con masa madre y con el cereal integral no refinado. La masa madre es un fermento y es buena para la microbiota, mientras que la levadura química no solo hincha el pan, sino que hace lo mismo con nuestro intestino.

Fibra

La fibra, en su mayor parte, también es un hidrato de carbono. La diferencia es que las enzimas digestivas del intestino delgado no son capaces de hidrolizarla, y, en cambio, se fermenta parcial o totalmente en el intestino grueso. Podemos diferenciar dos tipos de fibras, las solubles y las insolubles.

La fibra insoluble retiene poca cantidad de agua, aumenta el volumen y el peso de las heces, acelera el tránsito intestinal y es buena contra el estreñimiento. Previene las hemorroides y los divertículos, baja los niveles de colesterol y reduce el riesgo de sufrir cáncer de colon. Encontramos este tipo de fibra en los cereales integrales, legumbres, frutos secos, el repollo, las hortalizas de raíz (zanahoria, chirivía, nabos...), las frutas y verduras maduras, el salvado de trigo, etc.

La fibra soluble retiene una gran cantidad de agua, ralentiza el vaciado gástrico, disminuye los niveles de colesterol y azúcar en sangre, es muy fermentable en el intestino grueso (donde pierde gran parte del agua retenida), produce acidez (que dificulta el crecimiento de microorganismos patógenos en el intestino), tiene un efecto antiinflamatorio y prebiótico, y reduce el riesgo de sufrir colitis ulcerosa o cáncer de colon. Este tipo de fibra sacia más que la insoluble, por lo que es muy recomendada para bajar de peso. La encontramos en la piel de frutas y verduras, en legumbres y en la avena, el ajo, la cebolla, el espárrago, etc.

Normalmente ingerimos poca fibra con relación a la que se recomienda para el cuidado de la microbiota. Para hacernos una idea, la recomendación es que tomemos alrededor de 30 gramos de fibra al día, y la ingesta habitual es de unos 19 gramos. La proporción que se recomienda de fibra soluble frente a la insoluble es de 1 a 1,5.

Por otra parte, no es recomendable ingerir un exceso de fibra (más de 50 gramos diarios), ya que la consecuencia son flatulencias y dolor abdominal, y puede verse afectada la absorción de ciertos minerales, como el hierro, el calcio o el zinc.

Otro riesgo del consumo de fibra, sobre todo la de tipo insoluble, es la obstrucción intestinal o el estreñimiento, que se puede producir si no se acompaña de la ingesta de suficiente agua. Es más recomendable tomar el agua fuera de las comidas (entre horas) que junto con estas.

Proteínas

Las proteínas tienen varias funciones en el organismo: estructural (crean músculos y tejidos), enzimática (forman enzimas), reguladora (participan en la división celular, por ejemplo), homeostática (mantienen el equilibrio del organismo), de transporte (de oxígeno, por ejemplo), contráctil (de músculos, por ejemplo) y defensiva (crean anticuerpos, por ejemplo).

Hay proteínas de origen animal y las hay de origen vegetal. Las primeras tienen un alto valor biológico, lo que significa que aportan todos los aminoácidos esenciales para que el organismo pueda sintetizarlas. En el caso de las proteínas de origen vegetal, necesitan combinarse de ciertas maneras para que la síntesis tenga lugar de la forma correcta.

A diferencia de lo que ocurre con los hidratos de carbono y las grasas, las proteínas no se almacenan en el organismo si no se necesitan, y permanecen en el torrente sanguíneo entre veinticuatro y setenta y dos horas antes de ser evacuadas.

Las proteínas se forman por medio de la unión de aminoácidos. Existen nueve aminoácidos que denominamos *esenciales*, porque el cuerpo no puede sintetizarlos y necesitamos ingerirlos con los alimentos. Cuando alguno de estos aminoácidos no está presente en la cantidad mínima que permita sintetizar bien la proteína, tenemos un *aminoácido limitante*. En el caso de los cereales, las semillas y los frutos secos, el aminoácido limitante es la lisina, mientras que en el caso de las legumbres es la metionina. Es decir, ambos se complementan. Por ello es importante combinar cereales y legumbres, o legumbres y semillas, para conseguir una proteína de buena calidad. Como veremos, no es recomendable mezclar legumbres y frutos secos, porque aun siendo buenas fuentes de proteína, la ingesta conjunta de ambos genera flatulencias.

Sabemos en la actualidad que aunque no se mezcle el cereal con la legumbre en la misma comida, como los aminoácidos están entre veinticuatro y setenta y dos horas en el torrente sanguíneo daría tiempo a que se unieran para crear la proteína de alto valor biológico. Pero según mi experiencia, si una persona no toma proteína de origen animal y no mezcla las proteínas de origen vegetal como corresponde en la misma comida, no va a ver satisfechas sus necesidades energéticas y va a experimentar debilidad. Quizá no la primera semana o el primer mes, pero sí en cuestión de semanas.

Un fenómeno que me encuentro a menudo es el de personas que se hicieron vegetarianas y me dicen que de repente, un día, el cuerpo les pidió una hamburguesa. Y volvieron a comer carne. En estos casos, el cuerpo pide carne para cubrir el déficit nutricional de proteínas de buena calidad, pero si se hace bien la combinación de proteínas de origen vegetal, esto no ocurrirá.

Hablemos ahora de las proteínas de origen animal. La carne, sobre todo la roja, aumenta el nivel de colesterol en el cuerpo, sube el ácido úrico y acidifica mucho el organismo. Además, es frecuente que lleve restos de antibióticos o de hormonas. También hay que tener en cuenta el sufrimiento por el que ha tenido que pasar el animal antes de ser sacrificado o las condiciones de hacinamiento en las que ha vivido, características de la ganadería intensiva. Está más que demostrado que el consumo de carne aumenta la ira y la violencia en quienes la consumen. Cuando una hace un trabajo personal profundo y conecta consigo misma, lo primero que observa es la necesidad de dejar la carne. Si a pesar de todo lo expresado decides consumirla, mi recomendación es que sea ecológica y que sepas, al menos, su procedencia.

Los mariscos tienen un comportamiento similar a las carnes rojas en nuestro cuerpo.

Los lácteos generan mucosidad y problemas respiratorios, además de un gran apego emocional, hacia la madre sobre todo, ya que es la primera persona que nos da este tipo de alimento (la leche materna).

Si tomas huevos, asegúrate de que procedan de gallinas criadas en libertad.

La proteína del pescado se digiere mejor que la de la carne y contiene, además, omega 3. Pero alberga metales pesados, mercurio sobre todo, y con la pesca intensiva se arrasan los fondos marinos.

Las proteínas de origen vegetal más recomendables y saludables son las legumbres: lentejas, garbanzos, judías y azukis. Hay otras que podemos utilizar de vez en cuando: el tofu, que proviene de la soja; el seitán, que proviene del gluten del trigo (hay que evitarlo en caso de celiaquía o intolerancia al gluten); o el *tempeh*, que puede ser de soja o de garbanzos (es mejor optar por este último).

Nuestra sociedad no está acostumbrada a tomar soja. Es la legumbre que contiene una proteína de mejor calidad, pero también es la más hormonal, por lo que no es recomendable abusar de este alimento. En las últimas décadas se han creado todo tipo de productos de soja, como bebidas y yogures; también se introduce la soja en muchos tipos de salchichas y otras carnes procesadas para abaratar los costes, pues resulta más barata la producción de soja que la de carne. Esta medida tiene, sin embargo, un precio ecológico, ya que el cultivo de soja para dar alimento a los animales destinados al consumo humano tiene una serie de consecuencias:

- Supone la destrucción de gran parte de la selva amazónica y de una gran extensión de bosques y terrenos a escala mundial.
- El 60 % del cultivo de soja (el 90 % en Estados Unidos) está destinado a alimentar animales.
- Se necesitan entre 7 y 16 kilos de cereal para producir 1 kilo de carne.
- Para conseguir 1 kilo de manzanas se necesitan 700 litros de agua, para obtener 1 kilo de soja se necesitan 1.800 litros de agua y para lograr 1 kilo de carne se necesitan 15.000 litros de agua.
- Según la FAO, *la digestión de las vacas y otros animales en forma de ventosidades y excrementos, junto con el uso de la tierra que requiere su crianza y alimentación, libera más gases que todo el sector mundial del transporte.*

Por todo lo expresado, recomendaría tomar soja de vez en cuando solamente, o en pequeñas cantidades en forma de fermento, como el miso.

Estos son ejemplos de buenas combinaciones de proteínas vegetales: lentejas con arroz integral, garbanzos con quinoa, judías pintas con semillas de girasol, tofu con trigo sarraceno, pasta integral con seitán, lentejas con semillas de sésamo trituradas.

Consulta el anexo 1 si no conoces alguno de estos alimentos o no sabes cómo usarlos en la cocina.

Grasas o lípidos

Las grasas también son esenciales en nuestra alimentación; constituyen otro tipo de macronutriente. A veces se relaciona comer sano con no comer grasa, pero es un grave error, ya que las grasas, o lípidos, son la principal fuente de energía de nuestro cuerpo. Forman parte de la estructura celular, tienen una función reguladora (en el ámbito hormonal, por ejemplo), transportan vitaminas y minerales, disminuyen el colesterol LDL (en el caso de los lípidos insaturados), reducen las enfermedades cardiovasculares (en el caso de los lípidos insaturados) y dan sabor a los alimentos. Necesitamos grasas saludables, entre otras cosas, para que nuestras hormonas funcionen correctamente y para que nuestras células estén sanas. Si evitamos ingerir grasas, el cuerpo nos gritará pidiéndonos comestibles del tipo fritos, bollería, carne..., que son alimentos ricos en grasas, pero no de buena calidad, ya que acidifican el organismo o favorecen el aumento de peso.

Los lípidos pueden ser saturados o insaturados. Estos últimos, a su vez, pueden ser monoinsaturados o poliinsaturados.

Los saturados están más presentes en los alimentos de origen animal, sobre todo en las carnes rojas, los lácteos y los huevos; también en el aceite de palma y el de coco. Estos lípidos aumentan el colesterol LDL (el que llamamos «malo», porque distribuye el colesterol desde el hígado hacia el resto de órganos) y bajan el colesterol HDL (el que llamamos «bueno», porque transporta el colesterol desde los distintos órganos del cuerpo hasta el hígado para que este se ocupe de almacenarlo o excretarlo). Por este motivo, la ingesta excesiva de este tipo de lípidos puede producir colesterolemia y problemas cardiovasculares, ya que endurecen las arterias. Se solidifican a temperatura ambiente, por lo que es fácil reconocerlos. De todos ellos, el más recomendable es el aceite de coco, ya que, a diferencia de los otros, es de cadena media, lo cual hace que se absorba rápidamente y no haga subir los niveles de colesterol en sangre, a diferencia de lo que hacen el resto de grasas saturadas.

Los ácidos grasos insaturados regulan el colesterol y previenen enfermedades cardiovasculares. Pueden ser monoinsaturados (presentes en el aceite de oliva, el aguacate y los frutos secos, entre otros), y poliinsaturados (presentes en el pescado azul, el aceite de pescado, las nueces, las semillas de girasol y las semillas de sésamo, entre otros). El problema de los poliinsaturados es que se oxidan fácilmente y pueden generar radicales libres cuando son ingeridos en cantidades demasiado elevadas. El exceso de radicales libres en el organismo acelera el envejecimiento y puede dar lugar a enfermedades como la diabetes, el cáncer, afecciones cardiovasculares, el párkinson y el alzhéimer.

Hay dos tipos de ácidos grasos poliinsaturados que son esenciales; es decir, el organismo no los sintetiza, lo que nos obliga a ingerirlos a través de los alimentos. Son los ácidos grasos omega 3 y omega 6. Un equilibrio correcto entre ambos puede ayudarnos a corregir el insomnio, la ansiedad, el estrés, los problemas de atención, la hiperactividad... Los dos forman parte de las células; dan plasticidad y fluidez a las membranas celulares y favorecen el metabolismo de las grasas. El omega 3 es un protector cardiovascular y un antiagregante plaquetario. El omega 6, en cambio, regula los dolores menstruales y los síntomas de la premenopausia, la sequedad de las mucosas, etc. Ingerirlos en una proporción adecuada es importante, porque compiten entre sí: mucho omega 6 impide metabolizar correctamente el omega 3, y viceversa. El equilibrio entre el omega 3 y el omega 6 debería ser, al menos, de 1:3 (una parte de omega 3 por tres partes de omega 6). En la actualidad, la relación puede llegar a ser hasta de 1:20. Esta descompensación puede acarrear problemas inflamatorios, trastornos cardiovasculares e inmunológicos, y desequilibrios hormonales y metabólicos.

¿Cómo podemos saber que no está equilibrada la ingesta de los dos ácidos? Por los síntomas que aparecen reflejados en la tabla 2.

SÍNTOMAS DE DESEQUILIBRIO ENTRE EL OMEGA 3 Y EL OMEGA 6	
Mala memoria y falta de concentración	Cambios de humor
Piel seca	Poca energía
Hiperactividad	Problemas de corazón

Tabla 2.

¿Cómo podemos lograr el equilibrio? Normalmente hay un exceso de ingesta de alimentos ricos en omega 6 y, en cambio, hay déficit de ingesta de alimentos ricos en omega 3. En estos casos, necesitamos aumentar el consumo de omega 3, a través de los productos indicados en la tabla 3.

ALIMENTOS RICOS EN OMEGA 3	
Pescado azul	Semillas de lino y cáñamo
Nueces	Microalgas

Tabla 3.

¿Nos aportan lo mismo los distintos alimentos ricos en omega 3? La respuesta es que no, ya que el omega 3 se obtiene a partir de tres tipos diferentes de ácidos grasos, que aparecen reflejados en la tabla 4.

ÁCIDOS GRASOS DE LOS QUE SE OBTIENE OMEGA 3		
Alfalinolénico (ALA)	Docosahexaenoico (DHA)	Eicosapentaenoico (EPA)

Tabla 4.

El ALA es el único ácido graso a través del cual se obtiene omega 3 mediante alimentos de origen vegetal (nueces, lino, etc.). El problema de este tipo de omega 3 es que en su mayor parte se oxida al llegar al organismo; solo un 5 % se convierte en EPA, y menos todavía en DHA.

El EPA y el DHA son los omega 3 más importantes. El primero para mantener los niveles de colesterol en sangre, la circulación y la salud del corazón, además de tener un efecto anticoagulante. Y el segundo es el que está más concentrado en el cerebro; mejora el funcionamiento del sistema nervioso, la vista, la concentración y la memoria, y protege de sustancias dañinas. Encontramos estos dos tipos de omega 3 en alimentos de origen animal (el pescado azul y su aceite) y en algunos aceites de microalgas. El beneficio de las microalgas es que no contienen metales pesados, a diferencia del pescado.

Hoy en día se comercializan suplementos de omega 3 veganos ricos en EPA y DHA, a partir de aceite de microalgas. También existen suplementos de omega 3 similares elaborados a partir de aceite de pescado. Necesitamos que el omega 3 proveniente del EPA y el DHA esté presente en nuestra alimentación o tomarlo como suplemento, para que no haya un desequilibrio entre este y el omega 6.

La recomendación relativa a la ingesta de grasas es que alrededor del 60 % sean monoinsaturadas, el 30 % poliinsaturadas y el 10 % saturadas. Las poliinsaturadas ayudan a prevenir enfermedades cardiovasculares y a reducir el síndrome metabólico (hipertensión, obesidad, resistencia a la insulina...); pero, en exceso, pueden producir oxidación y radicales libres, como ya hemos comentado.

Los alimentos más saludables para aportar grasas a nuestro organismo son el aceite de oliva, las semillas, los frutos secos y el pescado o aceite de pescado.

Vitaminas

Las vitaminas son imprescindibles en las reacciones químicas. Son catalizadores bioquímicos (metabolizan, sintetizan y almacenan sustancias) y precursoras de coenzimas.

Hay dos tipos de vitaminas: las hidrosolubles, que son las del grupo B y la C, y las liposolubles, que son las vitaminas A, D, E y K. Las hidrosolubles son solubles en agua, y el exceso de las mismas se elimina por la orina. Las vitaminas liposolubles, en cambio, son solubles en lípidos, se almacenan en el tejido adiposo y en el hígado y pueden producir toxicidad si se consumen en exceso.

Los alimentos más saludables para aportar vitaminas a nuestro organismo son las frutas y verduras, crudas o poco cocinadas.

Minerales

Los minerales tienen una función reguladora. Forman parte de distintas estructuras (los huesos y dientes, en el caso del calcio, el magnesio y el fósforo, por ejemplo) y controlan la composición de líquidos orgánicos extracelulares (el sodio y el cloro) e intracelulares (el potasio, el magnesio y el fósforo).

Los alimentos más saludables para aportar minerales a nuestro organismo son la sal (siempre que no esté refinada) y las algas.

Las algas pueden consumirse en pequeñas cantidades, pero están contraindicadas en caso de hipertiroidismo. Si no hay problema de tiroides, es mejor tomar un poquito todos los días —alrededor de dos cucharadas soperas una vez hidratadas— que tomar una ensalada entera de algas un día de vez en cuando.

Consulta el anexo 1 para obtener más información sobre cómo cocinar las algas.

Agua

El agua hace que la vida sea posible. Es una sustancia imprescindible en nuestro organismo. Un bebé está compuesto de agua en un 80 %, un hombre adulto en un 60 % y una mujer adulta en un 50 % (estos porcentajes son aproximados).

El agua hidrata las células; también nos ayuda a expulsar toxinas del cuerpo y a mantener la temperatura corporal.

> **Cuantos más alimentos de origen vegetal y menos de origen animal consumimos, más agua introducimos con la ingesta y menos agua nos pedirá el cuerpo.**

No soy muy partidaria de decir a todo el mundo que debe beber dos litros de agua al día, ya que la necesidad de hidratación depende de lo que comemos, de la contaminación, del estrés y de las toxinas a las que estamos expuestas. Cuanta más proteína de origen animal ingiramos y cuanto más estrés, más contaminación y más radicales libres nos afecten más agua tendremos que beber y, probablemente, más sed tendremos. El color de la orina es el mejor indicador: si es transparente, no necesitamos beber más, mientras que si el color es amarillo o huele fuerte, ello es indicativo de que nos conviene ingerir más agua.

Hay personas que me dicen que el cuerpo les pide agua fría por la mañana en ayunas. Normalmente son individuos que abusan de alimentos ricos en toxinas (carne, embutidos, queso, alcohol, alimentos procesados...), tienen mucho calor interior y su cuerpo necesita depurar. El agua fría empeora los síntomas; hace que el metabolismo se ralentice y que experimenten más cansancio, falta de energía y mal humor. Si queremos que el agua nos ayude realmente a limpiar el organismo y acelerar el metabolismo, debemos tomarla a temperatura ambiente o templada. Así como la grasa de los platos sucios se va más fácilmente con agua caliente, ocurre lo mismo en nuestro intestino.

Por la mañana el color de la orina suele ser más fuerte, ya que por la noche, mientras dormimos, nos deshidratamos y acumulamos toxinas que necesitamos eliminar por la mañana. Por este motivo, cuanto antes bebamos al levantarnos, mejor. Después es bueno que dejemos pasar media hora antes de desayunar, para permitir a las células hidratarse antes de ingerir alimentos.

El agua nos da la vida. No puede ser sustituida por otros líquidos, menos aún por bebidas azucaradas que no hacen sino deshidratarnos debido al alto contenido de azúcar que contienen.

ANTINUTRIENTES

Elegir alimentos saludables nos ayuda a mejorar nuestra salud. Pero también debemos aprender a cocinarlos de las formas correctas, ya que algunos en concreto son ricos en antinutrientes, y no los absorberemos adecuadamente si no están bien cocinados. Además, impedirán que absorbamos bien el resto de alimentos que ingiramos en esa misma comida.

Las plantas albergan antinutrientes para protegerse de insectos, hongos, plagas, etc. Aprender a cocinar los alimentos para reducir este tipo de sustancias nos ayuda a aumentar su valor nutricional y a mejorar las digestiones.

Casi todos los alimentos tienen algún antinutriente, pero los que los contienen en mayor cantidad y a los que necesitamos prestar más atención son los cereales integrales, las legumbres, las semillas y los frutos secos. Puedes reducir los antinutrientes de estos comestibles de esta manera:

- Ponlos en remojo unas horas y/o tuéstalos en una sartén sin aceite.
- Los frutos secos es mejor que los calientes en el horno, porque al ser más grandes no se tostarán bien en una sartén, a menos que los vayas removiendo continuamente.
- Cuece los cereales integrales y las legumbres con un trocito de alga o de laurel.
- Evita los panes elaborados con levadura química y consume los que están hechos con masa madre. Prescinde también de los panes con salvado, ya que producen inflamación y alergia.
- En el caso de las legumbres, tras ponerlas en remojo, sécalas en una sartén sin aceite y retira las pieles que caigan. Estas

pieles son las que producen flatulencias. Añade la sal al final; así quedarán más blandas. Y cuécelas durante una hora por lo menos.

El resto de alimentos contienen menos antinutrientes, pero me gustaría llamar la atención sobre varios de ellos:

- Algunos antinutrientes no pueden eliminarse con ninguna técnica culinaria y es mejor reducir su consumo; es el caso, por ejemplo, del ácido úrico y el azufre de la carne.
- En el caso de los lácteos, podemos reducir los antinutrientes que tienen si los fermentamos haciendo kéfir o yogur.
- Las verduras solanáceas (patata, pimiento, berenjena y tomate) tienen solanina, que puede ser tóxica y no se elimina con ninguna técnica culinaria.
- La acelga y la espinaca tienen antinutrientes, que pueden reducirse a través de la cocción. Es mejor cocinarlas que comerlas crudas.
- Hay ciertos vegetales que reducen la absorción de yodo por parte de la glándula tiroides e impiden la formación de las hormonas tiroideas; por ello, pueden producir hipotiroidismo. Tienen unos compuestos tóxicos que actúan como bociógenos y que se pueden eliminar por medio de la cocción. Estas verduras son, entre otras, las coles, el brócoli, el colinabo, el nabo, las coles de Bruselas, la coliflor, la berza, la escarola, la col lombarda y la *kale*.

¿POR DÓNDE EMPIEZO A INTRODUCIR HÁBITOS SALUDABLES?

A veces, queremos empezar a cuidarnos con la alimentación, el deporte y los buenos hábitos de vida, pero puede costarnos elegir por dónde empezar y cómo planificarnos.

Aquí comparto algunas sugerencias que pueden ayudarte a la hora de elegir los primeros pasos encaminados a introducir nuevos hábitos en tu vida. Expongo ciertas ideas que, con la práctica, creo que son buenos puntos de partida, pero tú tienes la última palabra. Nos asusta depositar en nosotras mismas la responsabilidad de elegir; queremos que alguien nos diga lo que tenemos que hacer, y nos damos una y mil excusas para no tomar la iniciativa. Pero prueba a confiar en ti, a escucharte, a confundirte, a sentir lo que ocurre en tu interior, a aprender, a integrar... Esta es la mejor manera de conectar con una misma, escuchar el cuerpo y reducir el hambre emocional.

Estas son las sugerencias:

- Elige alimentos naturales y poco procesados; estos son los que tienen más vida. Evita los que no reconocerían tus abuelos.
- Evita beber mientras comes para mejorar las digestiones, ya que el agua puede disolver los jugos gástricos.
- Evita tumbarte enseguida después de comer, para facilitar la digestión.
- Cena entre dos y tres horas antes de acostarte, para tener un sueño de más calidad y digerir mejor los alimentos.
- Come más dentro de las horas diurnas y menos en las nocturnas: durante el día el metabolismo es más rápido y la digestión se ve favorecida.
- Come despacio y saborea.
- Evita dejar muchas horas entre una comida y la siguiente, para acelerar el metabolismo.
- No empieces a comer sintiéndote demasiado hambrienta, para tomar menos cantidad y reducir la ansiedad.
- En las comidas de carácter social, sírvete lo que quieras tomar, para picotear menos y saber lo que comes.

- Cocina, al menos, una vez al día, para mejorar tu relación con la comida y comer de forma más saludable.
- Sustituye los alimentos refinados por los integrales; para obtener más fibra, vitaminas y minerales, conseguir más energía y saciarte antes.
- Reduce el consumo de carne y aumenta el de legumbres, para cuidar tu intestino.
- Consume pan de buena calidad, hecho con masa madre y harinas integrales, para reducir la inflamación y cuidar tu intestino.
- Bebe más agua e infusiones, para ayudar a expulsar toxinas del cuerpo.
- Consume verduras todos los días, con distintas texturas y colores, para obtener gran variedad de vitaminas.
- Toma frutas o semillas o frutos secos a media mañana y a media tarde: son alimentos ricos en vitaminas, minerales y grasas, ideales para ingerir entre horas.

Además, es recomendable que hagas lo siguiente:

- Practica ejercicio moderado varios días a la semana.
- Pon en práctica técnicas de respiración y relajación.
- Respira más aire puro.
- Dedica un rato todos los días a estar y conectar contigo misma, a practicar la respiración consciente —aunque sea durante cinco minutos—, a pintar, cantar, cerrar los ojos, meditar, bailar...; lo que sea que te siente bien.

CAPÍTULO 5

Más allá de los alimentos

ENERGÍA DE LOS ALIMENTOS

Tras haber abordado el tema de los nutrientes, vamos a dar un paso más: vamos a conocer la energía y la vibración que tiene cada alimento. Esto nos va a ayudar a personalizar la alimentación. Entenderemos por qué un comestible puede ser ideal para un individuo en un momento concreto y, sin embargo, puede hinchar y sentar mal a otro, o al mismo en un momento distinto.

Los alimentos nos aportan energía. Todo lo que ingerimos tiene un efecto en nuestro organismo, que puede ser evidente o más bien sutil. Cuanta más conciencia ponemos en ello, más percibimos los efectos, más información recibimos de nuestro cuerpo y mejor nos sentimos.

Hay alimentos que nos producen hinchazón, dispersión, frío, gases... Son los que denominamos *más yin, grupo I*, y tienen una energía muy expansiva. Otros, en cambio, nos producen retención, bloqueo, calor, rigidez... Son los que denominamos *más yang, grupo III*, y tienen una energía de contracción. Y hay un tipo de alimentos que inducen equilibrio. Su efecto es más estable; nos ayudan a aumentar la energía y a sintonizar con nosotras. Son los que llamamos *moderados*, y pueden ser más yang o más yin, según con cuáles los comparemos. Es importante que tengamos esto en cuenta en nuestro día a día, para elegir, en los días fríos, alimentos que nos aporten más equilibrio y bienestar, que nos ayuden a calentar –además de los beneficios que nos brinden las otras propiedades que tengan–; y en los días en los que haga mucho calor podremos elegir alimentos que nos enfríen además de aportarnos equilibrio y bienestar.

Los alimentos que más enfrían –más yin, grupo I– son, de mayor a menor generación de frío/dispersión, los indicados en la figura 3.

MÁS YIN

- Alcohol
- Café o té
- Azúcar de todo tipo (blanco, moreno, panela, miel, helados...)
- Algas de lago (espirulina, *klamat* y *chlorella*)
- Alga agar-agar
- Lácteos cremosos (leche, cremas, yogur, queso fresco...)
- Bebida de soja
- Tofu crudo
- Especias y hierbas aromáticas
- Frutas tropicales (piña, mango, aguacate, coco...)

MENOS YIN

- Verduras solanáceas (pimiento, tomate, patata y berenjena), espinaca y acelga

Figura 3. Gupo I de alimentos.

El exceso de estos alimentos nos produce flatulencias, malas digestiones, debilidad, falta de autoestima y de seguridad, miedo...

Los alimentos que más calientan —más yang, grupo III— son, de menor a mayor generación de calor/retención, los indicados en la figura 4.

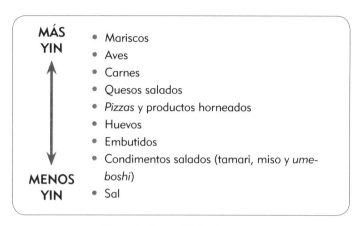

Figura 4. Grupo III de alimentos.

El exceso de estos alimentos nos produce rigidez, tensión, demasiada actividad, inflexibilidad, enojo ante el menor inconveniente, ira, etc.

Los alimentos que más nos ayudan a equilibrarnos, los del grupo II (los que facilitan la digestión, mejoran el estado de la microbiota y fomentan la concentración, la memoria y el bienestar) son, de más yin a más yang, los que se indican en la figura 5.

MÁS YIN

- Edulcorantes naturales (sirope de agave, melaza de arroz, estevia, *amasake*, concentrado natural de frutas...)
- Fruta seca (pasas, orejones...)
- Fruta fresca
- Semillas y frutos secos
- Verduras locales
- Algas
- Legumbres y proteínas vegetales (tofu, *tempeh* y seitán)
- Cereales itegrales (quinoa, arroz integral, mijo, avena, trigo sarraceno, pasta integral...)

MENOS YIN

- Pescado

Figura 5. Grupo II de alimentos.

Los alimentos más yin, grupo I, son los menos indicados si tenemos mucho frío, si nos resfriamos con facilidad, si tenemos poca energía, si nos sentimos débiles o si tenemos muchos miedos y poca autoestima, porque favorecen estos síntomas.

Los alimentos más yang, grupo III, son los menos indicados si tenemos mucho calor, retención de líquidos, falta de flexibilidad física o mental, si somos agresivos o nos enfadamos con facilidad, porque favorecen estos síntomas.

> **Los alimentos que generan equilibrio y bienestar pueden ayudarnos siempre, en cualquier situación en la que nos encontremos en los ámbitos físico, mental o emocional. Son los que forman parte del grupo II.**

TIPOS DE PERSONAS Y DE ALIMENTOS

Aparte de conocer el efecto de los alimentos, podemos adaptar la alimentación al tipo de persona que seamos, para que ello nos ayude a conseguir un equilibrio incluso mayor. Con esta finalidad, vamos a diferenciar entre lo que denominamos *constitución* y *condición* de la persona.

La constitución hace referencia a todos los rasgos que no podemos cambiar (altura, forma de la cara, grosor de los huesos...); nacemos con ellos. Y la condición hace referencia a aquellas características que sí se pueden cambiar (temperatura corporal, emociones, concentración, memoria...). Las figuras 6, 7 y 8 presentan una clasificación de los rasgos yin y yang relativos al aspecto físico, el estado de la mente y las emociones.

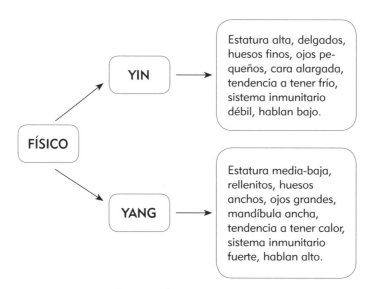

Figura 6. Constitución física.

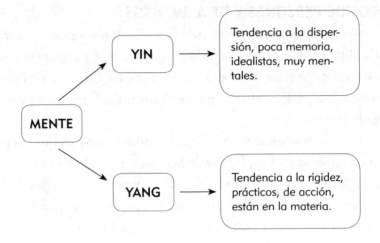

Figura 7. Condición según el estado de la mente.

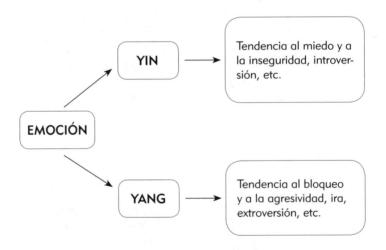

Figura 8. Condición según el estado emocional.

A la hora de adaptar la alimentación vamos a fijarnos solamente en los aspectos relativos a la condición; nos preguntaremos qué es lo que más nos caracteriza (o lo que más caracteriza a la persona a la que queremos ayudar) en un momento dado. Alguien que se encuentre en una condición muy yin puede presentar rasgos como estos: habla bajo, enferma con facilidad, le cuesta concentrarse, tiene gases o frío, le falta autoestima. Y estos son ejemplos de rasgos propios de alguien que se encuentre en una condición muy yang: habla muy alto, tiene mucho calor o sofocos, le cuesta cambiar de idea y adaptarse a los cambios, sufre retención de líquidos.

Nadie es totalmente yin o yang, así que puedes hacer el «Test yin y yang» que encontrarás en el anexo 3 para determinarlo.

Para equilibrar a una persona muy yin nos interesan los alimentos del grupo II que calienten; por ejemplo, más pescado, algas y cereales integrales. Y, sobre todo, eliminar los alimentos que más enfrían y expanden, como el alcohol, el azúcar, el vinagre y el pan blanco. Así aumentarán la temperatura corporal, la concentración y el grado de actividad. Los alimentos muy yin, grupo I, son los que más debilitan a este tipo de personas.

Para equilibrar a alguien muy yang nos interesan los alimentos del grupo II que más enfrían; por ejemplo, las frutas y verduras crudas. Y, sobre todo, hay que prescindir de los alimentos que más calientan y contraen: la sal abundante, la carne, los embutidos, el queso, los huevos... Así se consigue mayor flexibilidad y relajación. Los alimentos más yang, grupo III, son los que más rigidez generan a estas personas.

FORMAS DE COCINAR

Según cómo cocinemos podemos generar más frío o más calor, más propensión a la actividad o a la relajación. Entonces, podemos adaptar la comida a la actividad que realicemos en cada momento.

En las figuras 9, 10 y 11 he clasificado las formas de cocción según si enfrían o calientan más o menos, y según si activan o relajan más o menos. Por lo tanto, vas a ver que las formas de cocinar se repiten, porque una misma modalidad puede calentar y activar, o calentar y relajar, o enfriar y activar, o enfriar y relajar.

Figura 9. Formas de cocinar que más enfrían, de más a menos.

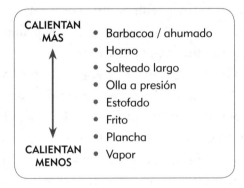

Figura 10. Formas de cocinar que más calientan, de más a menos.

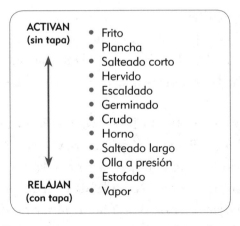

Figura 11. Formas de cocinar que activan y relajan, de más a menos.

Aunque el horno y la olla a presión se encuentren entre los procedimientos que «más relajan», pueden llegar a tensar si los utilizamos con mucha frecuencia.

Vamos a ver ejemplos prácticos de cómo utilizar distintas formas de cocinar, según la clasificación expuesta:

- Cuando una persona tiene mucho frío y poca energía, elegiremos formas de cocinar que calienten (o enfríen menos) y que activen, como el hervido o el salteado corto.
- Cuando una persona tiene mucho frío y un exceso de energía, elegiremos formas de cocinar que calienten (o enfríen menos) y que relajen, como el vapor o el estofado.
- Cuando una persona tiene mucho calor y poca energía, elegiremos formas de cocinar que enfríen (o calienten menos) y que activen, como la ingesta cruda, los germinados o el escaldado.
- Cuando una persona tiene mucho calor y poca energía, elegiremos formas de cocinar que enfríen (o calienten menos) y que relajen, como el vapor.

Para saber más sobre las formas de cocinar, consulta el anexo 3.

SABORES, AROMAS, COLORES Y TEXTURAS

A través de los sentidos percibimos información de los alimentos. Prestarles atención y escuchar lo que el cuerpo nos pide también nos ayuda a conocernos.

Sabores

Tenemos cinco sabores: amargo, salado, dulce, ácido y picante. El orden expuesto es de más yang a más yin, del sabor que más calienta al que más enfría. El dulce lo colocamos en el centro, porque es el sabor más equilibrado; lo necesitamos en nuestra alimentación. Hay que matizar que me estoy refiriendo al dulzor natural de los alimentos, no al azúcar en sí.

El sabor dulce lo encontramos en las verduras redondas y de raíz cocidas a fuego lento y con tapa (calabaza, cebolla, zanahoria, coles...). También en los cereales integrales (mijo, arroz integral, quinoa...) y en las frutas cocinadas (manzana, plátano, pera...). Podemos hacer más dulce cualquier alimento si lo cocemos a fuego lento y con tapa.

El sabor salado lo encontramos en la sal, las algas, los alimentos fermentados, etc.

El sabor amargo lo encontramos en la achicoria, el café, las endivias, etc.

El sabor ácido lo encontramos en los cítricos, la *umeboshi*, etc.

El sabor picante lo encontramos en la pimienta, el curri, el jengibre, etc.

Si somos muy yin (si tendemos a tener frío), nos interesa ingerir alimentos dulces, salados y amargos. Si somos muy yang (si tendemos a tener calor), nos interesa ingerir alimentos dulces, ácidos y picantes. Si hace mucho frío, el amargo y el salado nos darán calor. Si hace mucho calor, el ácido y el picante nos ayudarán a refrescarnos.

Aromas

El aroma de la comida activa la secreción de la saliva y los jugos gástricos. Acercarnos a la comida y oler su aroma antes de empezar a comer contribuye a conectarnos con el alimento; nos ayuda a sentir lo que unos minutos después va a conformar nuestros órganos y células. Nos apetecerá más o menos un determinado plato según el aroma que desprenda.

Colores

La comida también tiene un componente visual; los colores nos aportan distintos nutrientes y sensaciones.

Los alimentos blancos son ricos en minerales como el potasio, el azufre o el selenio. Mejoran la circulación, son expectorantes, combaten la retención de líquidos y ayudan a subir las defensas. Algunos de ellos son el ajo, la cebolla, el champiñón, el arroz integral, el jengibre, la quinoa y el puerro.

Los alimentos rojos son ricos en antioxidantes como los licopenos o las antocianinas. Favorecen la circulación, previenen la oxidación del organismo y el cáncer, mejoran el funcionamiento del sistema urinario, aumentan la libido... Algunos de estos alimentos son el tomate, los frutos rojos, el azafrán, la granada y el rábano.

Los alimentos amarillos y naranjas son ricos en betacarotenos. Ayudan a combatir las enfermedades articulares, óseas y digestivas, mejoran la visión, protegen la piel, combaten el envejecimiento... Algunos de estos alimentos son la zanahoria, la cúrcuma, el boniato, la calabaza, el melocotón y los cítricos.

Los alimentos verdes son ricos en ácido fólico, clorofila y magnesio. Mejoran el funcionamiento del hígado, la digestión y la visión, eliminan toxinas del organismo, previenen enfermedades cardiovasculares y el estreñimiento... Algunos de estos alimentos son el aguacate, el brócoli, el calabacín, el kiwi, el perejil, el pistacho y el espárrago verde.

Los alimentos azulados o morados son ricos en antioxidantes, concretamente en antocianinas. Combaten el envejecimiento, previenen el cáncer y enfermedades urinarias como la cistitis, mejoran la visión y la memoria, relajan el sistema nervioso... Algunos de estos alimentos son el arándano, la mora, la ciruela, la remolacha y la lavanda.

Los alimentos oscuros son estimulantes y tienen propiedades digestivas. Algunos de ellos son el cacao, la algarroba, las pasas, los dátiles, el comino, las lentejas, el regaliz, la chía y el café.

Texturas

Cada vez que comemos tenemos una experiencia con las texturas. Estas influyen en la medida en que nos saciamos, y también nos dan mucha información sobre la forma en que nos habla el cuerpo. Las texturas repercuten sobre el hambre. Por ejemplo, si tomamos una comida que contenga abundante agua (un puré, una sopa, un arroz caldoso, lentejas con mucho líquido...), probablemente nos sentiremos menos saciadas que si ingerimos alimentos cocinados con menos agua. Es necesario que la comida del mediodía sea seca; si incluye una crema o una sopa, es conveniente que después tomemos alimentos secos (pescado, frutos secos, arroz integral, semillas...), porque de lo contrario el cuerpo nos pedirá alimentos crujientes a media tarde (galletas, por ejemplo).

Vamos a analizar los distintos tipos de texturas y la información que nos está dando el cuerpo cuando nos pide una en concreto. Lo ideal sería que combináramos todas en cada comida.

La textura crujiente es aquella que se rompe fácilmente; es frágil y suele emitir un chasquido al ser masticada. Encontramos esta textura en las verduras crudas, los frutos secos y algunas frutas. Si no le damos al cuerpo este tipo de alimentos nos pedirá galletas o patatas fritas; comestibles que también crujen, pero de peor calidad.

Cuando el cuerpo nos pide texturas crujientes, ello tiene que ver también con la necesidad de romper, de chocar los dientes, de cambio..., tal vez porque nuestra vida está siendo monótona y no tenemos la voluntad suficiente de cambiar lo que no nos gusta.

La textura seca es la que tiene poca agua, y produce un efecto de saciedad. Nos interesa comerla al mediodía. La encontramos en los frutos secos, las semillas, las legumbres sin líquido, los cereales integrales sin líquido, etc. Si no le damos este tipo de alimentos al cuerpo nos pedirá galletas, muchos frutos secos y más cantidad de comida, porque sin ellos no estaremos saciadas. Comestibles como las galletas también secan, pero son de peor calidad; o si son de buena calidad, como los frutos secos, los ingerimos en exceso.

Cuando el cuerpo nos pide texturas secas, ello tiene que ver con la necesidad de acción, de fuerza, de saciedad, de sentirnos llenas (de comida o de actividades), de ambición y de conseguir nuestros sueños.

La textura húmeda es la que está compuesta por una gran cantidad de agua. Nos conviene a media tarde o por la noche, cuando queremos relajarnos. La encontramos en las frutas y verduras cocinadas, en las legumbres o cereales integrales cocidos con mucho líquido, en las sopas, etc. Si no le damos al cuerpo este tipo de alimentos nos pedirá alcohol, azúcar, mantequilla..., comestibles muy húmedos de peor calidad.

Cuando el cuerpo nos pide texturas húmedas, ello tiene que ver con la necesidad de agua por parte del organismo. Quizá comemos con abundante sal, muchas grasas saturadas o una gran cantidad de carne, o bebemos poca agua. El cuerpo nos reclama que eliminemos toxinas, nos relajemos, nos quitemos la coraza, miremos hacia dentro y nos escuchemos.

La textura blanda es la que normalmente se cocina a fuego lento y con tapa. Nos conviene a media tarde o por la noche, cuando queremos relajarnos. La encontramos en cremas, purés, patés vegetales, etc. Si no le damos al cuerpo este tipo de alimentos nos pedirá quesos para untar, leche, nata o mantequilla (alimentos blandos de peor calidad).

Cuando el cuerpo nos pide texturas blandas, ello tiene que ver también con la necesidad de cariño, protección y amor hacia una misma. Tal vez lo estemos forzando a dormir poco y lo tengamos sometido a estrés, o nos cueste decir no y carguemos a nuestras espaldas con toda la responsabilidad de la casa o el trabajo.

Si al mediodía queremos preparar un plato combinado, podemos juntar las cuatro texturas eligiendo un alimento de cada tipo:

- **Textura crujiente**: zanahoria cruda, almendras, nueces, semillas de calabaza...
- **Textura seca**: arroz integral, garbanzos, quinoa, mijo...

- **Textura húmeda:** sopa de miso, brócoli hervido, batido de frutas...
- **Textura blanda:** humus, calabaza al vapor, boniato al horno...

Ejemplo de comida para el mediodía con las cuatro texturas:

- Sopa de miso, arroz integral, humus y zanahoria cruda.
- Garbanzos, brócoli hervido, calabaza al vapor, quinoa y semillas.

LA ALIMENTACIÓN SEGÚN LA ETAPA DE LA VIDA

Las necesidades alimenticias cambian según pasa el tiempo. Por eso vamos a ver ahora qué alimentos son los más recomendados, y cuáles no, según la etapa de la vida en la que nos hallemos.

Bebés

La comida ideal para los bebés es la leche materna, ya que esta les aporta los nutrientes que necesitan, los ayuda a fortalecer el sistema inmunitario —al repoblar la microbiota— y fomenta el vínculo entre la madre y el hijo. (Para más información, consulta el segundo apartado del capítulo nueve, «La microbiota en los recién nacidos»).

Niños

A partir de los seis meses de edad es un buen momento para empezar a introducir alimentos de fácil digestión (verduras y frutas cocinadas). Los bebés empiezan a sentir gran interés por los alimentos y podemos ayudarlos a entrar en contacto con ellos a través de los colores, las formas, las texturas, etc. Todavía no saben que los alimentos sólidos les quitan el hambre, por lo que es recomendable que sigan tomando leche predominantemente y solo se les den comestibles sólidos para que experimenten y empiecen a crear una buena relación con la comida.

El procedimiento tradicional consiste en darles purés. En este caso es recomendable no empezar por darles frutas solamente, ya que, al ser tan dulces, puede ocurrir que después rechacen las verduras. El problema de los purés es que, en ellos, está todo unificado; son una pasta en la que no se distingue ningún alimento. Además, el bebé traga rápidamente el contenido de la cuchara; no lo ensaliva y, por tanto, no empieza a digerirlo en la boca. Así le inducimos, sin querer, el hábito de engullir, no saborear y comer rápido.

Además del procedimiento tradicional, existen otros que podemos utilizar a partir de los seis meses. No son incompatibles con la opción de hacer un puré, pero introducen la posibilidad de que los bebés aprendan a alimentarse por sí mismos; así, eligen qué y cuánto comer. Para ello, es importante que estén sentados en una trona con la espalda recta, y que tengan delante una diversidad de alimentos, ni muy blandos (porque se deshacen al agarrarlos) ni muy duros (porque les costará morderlos). Procura que sean variados, pero no tanto como para que el bebé pueda abrumarse. Estos alimentos se pueden cortar en bastones de unos cinco centímetros, para que les resulte más cómodo agarrarlos y llevárselos a la boca. De esta forma, experimentan con los colores, sabores y texturas, lo cual va a favorecer que tengan una buena relación con la comida en el futuro.

Algunos aspectos importantes a tener en cuenta son los siguientes:

- Que compartan la mesa con el resto de la familia; que no coman solos y a otras horas.
- Evitar decirles lo que tienen que hacer y lo que no. Hay estudios que demuestran que, de forma intuitiva, eligen los alimentos ricos en los nutrientes que necesitan.
- Que coman a su ritmo; no hay que meterles prisa.

Si tienes miedo de que tu bebé se atragante, puedes utilizar los denominados *alimentadores* (o *redecillas*) *antiahogo*; permiten que vea el alimento y lo saboree por medio de sacarle el jugo.

Hasta los nueve meses de edad aproximadamente, el bebé no puede hacer la pinza con los dedos índice y pulgar, por lo que hasta esta edad no podría meterse alimentos u objetos pequeños con los que pudiera atragantarse.

A partir del primer año de vida, el sistema digestivo del niño estará ya formado para poder recibir frutas, verduras, legumbres, pescado, cereales integrales, semillas, frutos secos y edulcorantes naturales.

Los niños pueden comer con y como los adultos; no hay razones para acudir a los menús infantiles, que tanto dañan su sistema digestivo.

Te invito a que seas un ejemplo para tus hijos: comparte con ellos una alimentación saludable, haz que participen en la compra y en el acto de cocinar, cuéntales las propiedades y beneficios de los distintos alimentos, y despiértales un sentimiento de gratitud por los comestibles que van a ingerir. Cuanto más tengas estos comportamientos, más los ayudarás a mejorar su relación con los alimentos y más conciencia tendrán sobre la forma en que estos afectan a su energía, su salud y su estado emocional.

La niñez es una edad maravillosa para conocer los distintos cereales integrales, legumbres, frutas, verduras y frutos secos. Explícales a tus hijos cuáles son los beneficios que les aporta cada alimento y enséñales a combinar los colores, las texturas y los nutrientes. Procura que entiendan el efecto de los alimentos y oriéntalos para que escuchen su cuerpo y conecten con lo que este les pide, y para que sepan percibir el hambre que tienen. Todo esto se puede conseguir a través del juego, de la experimentación y del compartir en familia.

En la infancia no estamos todavía tan contaminados, y si somos capaces de escuchar e interpretar lo que nos piden los

MÁS ALLÁ DE LOS ALIMENTOS

niños aprenderemos, al mismo tiempo, mucho sobre nosotras mismas. Pueden ser un espejo perfecto para que nos reflejemos en él.

Algo que puede ayudarnos es observar qué nutriente es el que predomina en los alimentos que eligen o nos reclaman. Por ejemplo, si nos piden almendras, pipas de girasol o bollería industrial, alimentos todos ellos ricos en grasas, quizá sea porque cocinamos con demasiado poco aceite. Y si nos piden *pizzas*, chocolate o dulces, quizá sea porque les damos pocos hidratos de carbono integrales. A partir de sus peticiones podemos equilibrar mejor su alimentación y comprobar si esto tiene, o no, el efecto de que dejan de reclamar en exceso un determinado alimento.

Obligarlos a comer cuando no tienen hambre es el inicio del hambre emocional. El momento de la comida es para compartir y estar tranquilos. Tengo amigas que me cuentan que empiezan a ponerse nerviosas antes de la comida porque su hija o hijo no come como a ellas les gustaría. Los niños son muy perceptivos en relación con nuestro estado de ánimo; se tensan al sentirnos con estrés y surgen los enfados y los gritos, que obviamente no ayudan al niño ni a sus progenitores.

Sanar nuestra propia relación con la comida es vital para no pasarles a ellos nuestros patrones cuando estos son negativos. Para cambiar nuestros patrones alimentarios y conseguir una relación saludable con la comida a escala individual y también familiar, podemos recurrir a un *coach* nutricional o a un/a psicólogo/a.

Adolescentes

En la época de la adolescencia puede ser más difícil introducir cambios en la alimentación de nuestros hijos, ya que normalmente experimentan un grado de rechazo hacia los progenitores. Además de desestimar lo diferente por el mero hecho de serlo, sienten que su pertenencia al «grupo» puede verse afectada; temen no ser aceptados.

A raíz de mi experiencia en el trabajo con familias, creo que lo más importante es dar ejemplo, no obligarlos a nada y que sea una tercera persona quien les hable de los beneficios que puede tener una buena alimentación, ya sea en su piel (más, aún, si tienen acné), en su forma física (estar más fuertes y mejorar en los deportes), en su rendimiento académico (aumentar la concentración) o en su estado mental (conseguir estar más tranquilos). Es conveniente que se trate de una tercera persona a la que puedan admirar y que, además, no pertenezca al entorno familiar (un *coach* nutricional, un profesor, una amiga...).

En la alimentación de los adolescentes, que están en pleno desarrollo, es importante introducir gran variedad de hidratos de carbono integrales, proteínas animales y vegetales, legumbres, grasas de buena calidad, vitaminas y minerales.

Los adolescentes necesitan más proteína e hidratos de carbono integrales que los niños para poder hacer frente al crecimiento y al rendimiento académico propios de esta etapa de la vida.

Les podemos cocinar hamburguesas con legumbres y cereales o *pizzas* con bases integrales, que son alimentos por los que se sienten atraídos debido a la publicidad y las relaciones sociales, pero que son bastante más saludables que los habituales.

Hombres

Los alimentos que más debilitan a los hombres son aquellos que hemos denominado *muy yin*. Afectan negativamente al sistema reproductor, por lo que podrían tener incidencia en casos de impotencia, infertilidad, eyaculación precoz y falta de libido.

Mientras escribo esto, recuerdo una conversación que tuve con un taxista en la ciudad de Arequipa, en Perú. El señor tenía bastantes kilos de más, y cuando le conté a lo que me dedicaba respondiendo a su curiosidad, empezó a confesarme, a la vez que lanzaba un SOS al universo, que trabajaba con el taxi de las seis de la mañana a las tres de la tarde, después llegaba a casa y se tumbaba en el sillón delante del televisor. Según me dijo, no era capaz de subir ni al tercer piso de su casa si necesitaba algo, por pura vagancia. Me contaba que le encantaban el café y el chocolate, que podría vivir con estos dos alimentos. También me confesó que lo que más le fastidiaba era que, a sus treinta y dos años, no tenía ningún tipo de apetencia sexual; había perdido la libido por completo y era consciente de que su mujer se sentía frustrada. Estaba muy preocupado, pero se sentía sin fuerza de voluntad para cambiar las cosas. Al menos reconocía que se escondía detrás del café y el chocolate.

Una vida sedentaria, alimentos *muy yin* como el azúcar y el café, un trabajo que no le gustaba y la falta de voluntad le producían un bloqueo absoluto que debilitaba totalmente su sistema reproductor.

Los hombres necesitan hacer ejercicio y aumentar el consumo de pescado, verduras, legumbres, cereales integrales, frutos secos y algas; y deben evitar los alimentos *muy yin*, como el azúcar, el alcohol, los productos dulces, el vinagre y el exceso de crudos.

La mujer puede comer una ensalada y tener suficiente, pero el hombre necesita más alimento. Me he encontrado casos en los que, al ser la mujer quien cocinaba, lo hacía según sus necesidades, y sin quererlo (o sin saberlo) generaba un desequilibrio en el hombre, ya que este no se sentía saciado. Los hombres necesitan más cantidad de aceite, sal, proteínas y cereales integrales que las mujeres.

Mujeres

En el caso de ellas, los alimentos que hemos denominado *muy yang* les generan retención de líquidos y bloqueos, y fomentan así el síndrome premenstrual y los síntomas de la menopausia.

Una vida activa pero en la que no haya estrés, una alimentación ligera y limpia, y la escucha y el cuidado hacia nosotras mismas son las mejores fuentes de nutrición con las que contamos hoy en día.

La mujer necesita menos sal y aceite que el hombre y más verduras que este, más proteína de origen vegetal que de origen animal y más sabores dulces en forma de cremas o verduras al vapor del tipo calabazas, zanahorias, cebollas o boniatos.

Menstruación

En los días previos a la menstruación se produce más retención en el organismo de la mujer; por ello es recomendable seguir estas pautas, sobre todo si se padece el síndrome premenstrual:

- Evitar la proteína de origen animal (carne, embutidos, quesos, lácteos y huevos).
- Evitar la grasa saturada (carnes, lácteos, aceite de palma, etc.).
- Beber mucha agua.
- Aumentar el consumo de frutas y verduras, crudas y cocinadas.
- Tomar infusión de salvia.

Si, a pesar de adoptar estas medidas, los síntomas no acaban de desaparecer, es recomendable, además, tomar *dong quai* (planta que regula las hormonas femeninas) y también onagra (su aceite tiene un efecto antiinflamatorio en el aparato reproductor femenino).

Fertilidad

Una buena alimentación es clave cuando queremos quedarnos embarazadas. En esta situación es conveniente una dieta basada en alimentos ricos en grasas monoinsaturadas (aceite de oliva, nueces, aguacate...), legumbres, pescado, arroz integral, pan integral, frutas, verduras, frutos secos, etc., y, en cambio, baja en hidratos de carbono refinados (azúcar, pan blanco, etc.) y grasas saturadas (carne, embutidos, marisco, etc.).

Tampoco son recomendables los productos que no sean naturales y puedan contener disruptores endocrinos, que son unas sustancias químicas que pueden alterar el sistema hormonal, además de afectar la calidad de los espermatozoides. Estas sustancias tienen una estructura muy parecida a la de las hormonas sexuales (los estrógenos, por ejemplo), y por ello pueden interferir.

Los disruptores endocrinos pueden estar en los plásticos que envuelven los alimentos, en los propios alimentos y en los productos de limpieza, cosmética, construcción y decoración.

Si queremos quedarnos embarazadas, es importante que nuestro cuerpo obtenga todos los nutrientes que necesita. Hay algunos a los que es conveniente prestar mayor atención: los antioxidantes, el omega 3, la carnitina y la arginina.

Los antioxidantes nos ayudan a eliminar radicales libres y evitar así la oxidación celular. Estas sustancias son más perjudiciales en los hombres, ya que dañan la membrana del espermatozoide y pueden alterar el DNA del mismo. Se generan radicales libres a través del exceso de deporte, el alcohol, las drogas, la obesidad, la contaminación electromagnética, la vida sedentaria y las enfermedades.

Encontramos antioxidantes en el selenio (semillas de girasol, huevos, pescado...), la vitamina E (aceites vegetales, verduras de hoja verde, nueces, espárragos...), la vitamina C (cítricos, pimientos...), el ácido fólico (brócoli, espárragos, lechuga, judías, remolacha, aguacate...), el zinc (semillas de calabaza, cacao puro, ajo...), la carnitina (pescado azul, frutos secos, frutas...) y los carotenoides (betacarotenos, que encontramos en la zanahoria, la calabaza, la albahaca, etc.).

El omega 3 lo encontramos en el pescado azul, las semillas de lino, las nueces, las semillas de cáñamo y las microalgas. Es recomendable que el pescado sea lo más pequeño posible, ya que el grande contiene más mercurio, un mineral que puede dar lugar a abortos. El omega 3 ayuda al desarrollo neurológico y visual del futuro bebé, reduce el riesgo de parto prematuro y la tensión arterial. Los pescados con menos mercurio son la anchoa, la palometa, la corvina, la merluza, el arenque y la sardina; también la almeja y el cangrejo. Algunos de los pescados con más mercurio son la caballa, el atún y el pez espada.

La carnitina se sintetiza a partir de dos aminoácidos, la lisina y la metionina. Mejora la motilidad del esperma y la encontramos en el pescado azul, los frutos secos, las frutas y las verduras.

La arginina es un aminoácido que ayuda a la maduración de los espermatozoides y a mejorar su motilidad. La encontramos en el coco, la avena, la berenjena, las nueces y el pescado.

Para aumentar la fertilidad es recomendable evitar todo tipo de dietas hiperproteicas, debido al efecto tan negativo de los cuerpos cetónicos en la salud. También es importante prestar atención al peso, ya que tanto la obesidad como la delgadez extrema pueden ser causa de abortos o dificultar la fecundidad. Y, por último, el grado de estrés también puede afectar. Por todo esto, resulta muy recomendable que practiquemos yoga o ejercicios de respiración y relajación para conseguir quedarnos embarazadas.

Embarazo

El período del embarazo no es un buen momento para hacer un cambio radical en la dieta, aunque sí se pueden efectuar algunas modificaciones suaves.

La alimentación más recomendada es la variada y saludable, que cubra todas las necesidades del organismo. Esta dieta debería estar compuesta por cereales integrales (arroz integral, quinoa, trigo sarraceno, etc.), legumbres, pescado, frutas, verduras, semillas, frutos secos, aceites de primera presión en frío y algas (estas últimas, en poca cantidad).

Durante esta etapa, el organismo necesita alimentos ricos en folatos (brócoli, hojas verdes, etc.), hierro (almeja, mejillón, sardina, gamba, calamar, pulpo, legumbres, frutos secos, etc.), calcio (almendras, legumbres, rúcula, brócoli, sésamo, chía, etc.), vitamina D (exposición solar, pescado, huevos, etc.) y omega 3 (pescado azul, lino, nueces, etc.).

El exceso de peso puede dar lugar a abortos, diabetes gestacional, hipertensión, defectos congénitos y reducción de la lactancia. Todo ello puede afectar el crecimiento y el desarrollo del feto.

Durante el embarazo no es recomendable el consumo de alcohol, café, carne o embutidos poco cocinados, salchichas, quesos, patés no enlatados, pescado ahumado, marisco crudo, leche cruda, quesos no pasteurizados, alimentos fermentados no pasteurizados, nata, pescado crudo, alimentos muy depurativos (nabo, rabanitos, apio, infusión de cola de caballo / diente de león / ortiga...), exceso de crudos, ciruelas, higos, vinagre y azúcar.

Durante los primeros tres meses de embarazo es recomendable aumentar el consumo de sal, aceite, frutos secos y pescado, así como del resto de alimentos con energía yang, los cuales ayudan a generar calor y evitar abortos.

Si durante el primer trimestre se padecen vómitos o malestar, es recomendable reducir el consumo de frutas y verduras (crudas, sobre todo), azúcar, lácteos, picantes, vinagre, alcohol y alimentos depurativos.

Durante el segundo trimestre es recomendable llevar una alimentación equilibrada. Al contrario de lo que es pertinente en el primer trimestre, no es necesario incrementar el consumo de sal o aceite. También es preferible comer cantidades reducidas pero más a menudo, y estar muy atentas a lo que nos pida el cuerpo.

Durante el tercer trimestre, es conveniente ingerir alimentos que relajen, como frutas y verduras cocinadas (al horno, en papillote, en forma de compota...), cereales integrales, legumbres, semillas, etc. También nos ayudará masticar mucho, comer despacio, ingerir pocas cantidades y a menudo, caminar, practicar yoga y realizar técnicas de relajación y respiración.

Menopausia

A partir de los cuarenta años conviene cambiar la alimentación sin esperar a la menopausia, para lograr que la transición hacia esta sea más fácil, con menos sofocos y síntomas. A partir de esta década, hay un par de recomendaciones que la mujer debería seguir: reducir la ingesta de proteína animal y de grasa saturada. De esta forma se generarán menos toxinas y al organismo le resultará más fácil eliminar las que se produzcan; siempre con la ayuda de una mayor ingesta de frutas, verduras e infusiones depurativas (cola de caballo, diente de león, ortiga, cardo mariano, etc.).

En la menopausia, el deporte nos sirve de aliado: contribuye a fijar el calcio en los huesos; algo muy importante a partir de esta edad, ya que la menor presencia de estrógenos reduce la síntesis del calcio.

El consumo de algas (salvo en casos de hipertiroidismo), semillas de sésamo/calabaza/lino/girasol, legumbres y verduras de hoja verde también ayuda a aportar minerales y fortalecer los huesos.

Tercera edad

En esta etapa, las necesidades alimentarias se van pareciendo cada vez más a las de los niños. Suele apetecer más el dulce y las texturas suaves, de fácil digestión. A medida que la piel tersa y juvenil va dando paso a las arrugas (y a un mayor conocimiento y sabiduría, cabe esperar), la absorción de nutrientes también se ve afectada. La fortaleza y la actividad física se reducen, y aumentan la dificultad para masticar —si falta parte de la dentadura— y la fragilidad de los huesos.

Los alimentos más recomendables para los ancianos son las verduras dulces (cebolla, calabaza, zanahoria, boniato...) cocinadas a fuego lento y con tapa (en cremas o purés, al horno, al vapor...), frutas cocinadas en compotas, legumbres muy blandas con cereales integrales, algas en las legumbres y verduras, postres con frutas, orejones, melaza de arroz, semillas, etc. Con esta alimentación aportamos el dulzor natural de las frutas, verduras y cereales, para que no apetezca tanto el azúcar refinado. Los minerales fortalecen los huesos y, como sabemos, están presentes en las algas sobre todo.

Las verduras suministran las vitaminas, las legumbres y el pescado las proteínas, y las semillas las grasas necesarias.

Los alimentos menos recomendados en esta etapa son las carnes y embutidos, el alcohol, el café, el azúcar, los huevos y el marisco, ya que generan retención en las personas de este grupo de edad, les acidifica el organismo y les debilita los huesos.

CARENCIAS NUTRICIONALES

El cuerpo requiere una serie de nutrientes, y cuando le privamos de alguno de ellos reacciona pidiéndolo a través de alimentos que lo contienen pero que son menos saludables.

Para reducir el hambre emocional, podemos examinar el mensaje que nos envía el cuerpo a través de lo que nos pide y tratar de equilibrar la necesidad de nutrientes, texturas, sabores y colores.

Vamos a analizar qué mensaje puede ser que nos esté transmitiendo el organismo cuando nos apetecen distintos tipos de alimentos:

Azúcar: El cuerpo nos pide hidratos de carbono. Podemos observar si en las anteriores comidas hemos ingerido suficientes, y si han sido integrales o refinados. Si los ingerimos de tipo refinado, el cuerpo se sacia durante unos minutos y en poco tiempo vuelve a pedirnos más. El azúcar es la forma más rápida que tiene el organismo de obtener glucosa; por eso nos pide este nutriente a través de productos de bollería, galletas o chocolate.

En estos casos, lo recomendable es introducir más frutas y verduras cocinadas, más cereales integrales (en grano, en pasta, en pan o en copos) y más dulces de buena calidad. Ya hemos visto todo lo que implican el azúcar y el dulce a nivel emocional: falta de descanso, falta de amor hacia una misma, etc.

Carne: El cuerpo nos pide proteínas y minerales. Podemos observar si en las anteriores comidas hemos ingerido suficiente proteína, si era de buena calidad y si estamos abusando de alimentos que nos enfrían mucho y nos hacen eliminar minerales (azúcar, alcohol, café, leche, alimentos muy depurativos). El cuerpo nos pide carne para generar calor y tener más minerales.

En estos casos lo recomendable es introducir más pescado, más legumbres espesas, más algas, más frutos secos, más sal y más aceite en la alimentación. También sabemos ya lo que implica la carne en el aspecto hormonal (los animales han tomado hormonas, que ingerimos las personas al comerlos), ecológico (el gasto de agua y la destrucción de la selva amazónica para cultivar soja destinada a alimentar a los animales, etc.) y emocional (nos genera tensión, más predisposición al enfado y a la violencia).

Aceite: El cuerpo nos pide grasa. Podemos observar si en las anteriores comidas hemos ingerido suficiente, y cuál ha sido su fuente. ¿La hemos obtenido de semillas, frutos secos y aceite de primera presión en frío o, en cambio, de alimentos con mayor contenido en grasa saturada, es decir, de comestibles de origen animal que obstruyen nuestras arterias y tienen un efecto negativo en nuestra salud?

En estos casos, se recomienda aumentar el consumo de grasas de buena calidad: aceite, semillas, frutos secos, crema de semillas (tahini, por ejemplo) o de frutos secos (de almendra, por ejemplo). La grasa tiene una gran incidencia en el grado de saciedad que experimentamos después de comer.

Café o alcohol: El cuerpo nos pide un estimulante. Podemos observar si en las anteriores comidas hemos tomado mucha sal o mucha grasa, si hemos dormido poco o si estamos nerviosas y estresadas. Los estimulantes activan el sistema nervioso y nos ayudan a funcionar con una energía que no tenemos, y también contribuyen a tapar las preocupaciones y los problemas. El café no nos despierta. Tal vez en el momento nos parezca que sí, pero luego nos dejará con mucha menos energía, lo cual nos generará la necesidad de tomar otro café o una bebida azucarada para seguir trabajando. Si el cuerpo nos pide estimulantes, también puede ser debido a que estemos comiendo alimentos muy salados, mucha grasa o mucha carne, con lo cual necesitamos eliminar ese exceso de retención y nos apetecen alimentos que tengan la energía opuesta (alimentos *muy yin*).

En estos casos, la recomendación es reducir el consumo de sal, grasa, quesos curados, carne, embutidos, etc., e introducir infusiones depurativas (cola de caballo, diente de león, ortiga...) y más frutas y verduras, crudas si puede ser.

Quesos y leche: El cuerpo nos pide proteína y minerales. Podemos distinguir entre si lo que nos pide es leche, natas o quesos de untar, por una parte, o quesos curados y muy salados, por la otra. En el primer caso requiere una energía expansiva (la misma que cuando nos pide alcohol, azúcar o café); en el segundo caso, está requiriendo una energía que aporte calor y contracción (la misma que cuando nos pide carne).

En la primera situación, lo que se recomienda es introducir más texturas cremosas (patés, cremas, purés, compotas, etc.) a través de frutas y verduras cocidas a fuego lento y con tapa, además de descansar más, cuidarnos, atendernos... En la segunda situación, la recomendación es cocinar con más sal, más aceite y más grasa, y reducir los crudos, las frutas y verduras, así como la cantidad de agua.

CAPÍTULO 6

¿Cómo me organizo?

UN BUEN DESAYUNO

Nuestro cuerpo se merece un desayuno rico y saludable. Permitirnos un tiempo para desayunar tranquilas antes de salir de casa es una forma maravillosa de empezar la jornada, un regalo que nos hacemos por el simple hecho de estar vivas un día más. Es una forma de agradecer todo lo que tenemos. Un buen desayuno puede hacer que el día cambie para bien. Por eso, a lo largo de este apartado vamos a ver distintas opciones para comenzar el día con energía, según el hambre con el que nos levantemos.

Tras haber estado toda la noche sin ingerir alimentos, el metabolismo se activa con la salida del sol y necesitamos beber abundante agua (uno o dos vasos) enseguida después de levantarnos. A esa agua, templada o caliente, se le pueden añadir unas gotitas de limón, siempre que este no nos produzca estreñimiento, o una puntita de cúrcuma con una pizca de pimienta negra, o un par de rodajitas de jengibre hervidas durante diez minutos.

Beber agua al levantarnos es importante para todos, tanto si nos despertamos con hambre como si no, si queremos eliminar toxinas del cuerpo a través de la orina y activar el metabolismo. El agua templada con unas gotitas de limón, concretamente, nos ayuda a activar el intestino y a ir al baño (excepto en el caso de ciertas personas a las que el limón en ayunas les produce estreñimiento).

Los niveles sanguíneos de cortisol son más altos por la mañana y en los momentos de estrés. Si queremos bajarlos, es recomendable que tomemos algún alimento dentro de la primera hora después de levantarnos. Podemos tomar primero, recién levantadas, el agua, y el alimento media hora después.

Para elegir qué será lo primero que vamos a comer por la mañana, podemos tener en cuenta estos factores:

- Como llevamos toda la noche ayunando, el organismo absorberá rápidamente ese alimento. Por este motivo, nos interesa que sea rico en nutrientes y bajo en toxinas.
- Como el metabolismo está activándose, nos interesa que sea un comestible fácil de digerir.
- Los alimentos con sabor salado activan más que los de sabor dulce.
- Los alimentos crudos activan más que los cocinados.

En la consulta suelo encontrarme con dos tipos de personas, las que se levantan sin hambre y las que se levantan con hambre. La regla de oro es no forzar el cuerpo y no comer si no se tiene apetito. Mis recomendaciones son las siguientes:

- Si te levantas sin hambre, bebe el agua templada que hemos dicho, y al cabo de media hora toma una fruta ligera o un batido —si hace calor—. En cuanto a la fruta ligera, elige una que sea de temporada. En cuanto al batido, mi recomendación es que mezcles alguna fruta con alguna verdura, sin quitar la fibra (evita los zumos), para que no suba mucho el nivel de azúcar en sangre. Puedes ver recetas de batidos al final del anexo 4. Si hace frío y prefieres algo caliente y ligero, puedes probar con una compota, una manzana asada, un caldo de verduras con media cucharadita de miso, etc. Todas las opciones propuestas son muy ligeras, y constituyen formas de activar el sistema digestivo, sin forzarlo, ante la falta de apetito.

- Si te levantas con hambre, puedes empezar tomando una fruta, un batido o un caldo —como en el caso de las personas que se levantan sin hambre— y, después, puedes elegir entre los alimentos que se presentan a continuación (es mejor si puedes esperar veinte minutos tras comer la fruta, para digerirla y evitar que fermente, sobre todo si tienes tendencia a hincharte y tener gases).

1. *Porridge*. Puedes hacerlo con dos tipos de alimentos de base:

- Un grano entero (arroz integral, trigo sarraceno, avena, quinoa, mijo, etc.). Cuécelo en una olla tapada (la cantidad de agua debe ser cuatro veces superior a la cantidad de grano) junto con un poco de canela y pasas, hasta que se evapore toda el agua. Puedes meter el *porridge* en la nevera y cada mañana calentarte la cantidad que desees con alguna bebida vegetal; puedes añadirle frutos secos, semillas o alga *nori* en copos.
- Granola o copos cocinados en un cazo. Los copos crudos se digieren mal, a causa de los antinutrientes que contienen; por ello es mejor cocerlos con agua que los cubra durante dos minutos, y luego añadir la bebida vegetal y el resto de ingredientes que queramos. Otra opción es tostarlos en la bandeja del horno junto con semillas, pasas, canela, frutos secos o alga *nori* en copos durante diez o quince minutos,

removiendo de vez en cuando (consulta la receta de la granola, en el anexo 4).

2. Tostadas de pan integral con masa madre, o tortitas de arroz o quinoa a las que puedes añadir aceite y gomasio, o algún paté vegetal o una crema de frutos secos emulsionada (con este fin, mezcla una cucharadita de agua templada con una cucharadita de crema de frutos secos) para aligerar la crema si es muy pesada. Se puede añadir, por encima de los patés o cremas emulsionadas, alguna verdura fresca, como zanahoria rallada, trocitos de pepino, rúcula, berros, lechuga, etc.

Si te levantas sin hambre y no tomas nada sólido, mi recomendación es que a media mañana, cuando empieces a tener hambre, comas según una de estas opciones: *porridge*, granola, tostadas o tortitas.

Al hacer este tipo de desayuno ayudamos a nuestro cuerpo a obtener todos los nutrientes que necesita a través de las vitaminas de las frutas, los minerales de las algas, los hidratos de carbono de los cereales —en grano, en copos o en forma de pan—, las proteínas de los frutos secos y las grasas de las semillas, frutos secos o aceite.

Así disfrutaremos de una mañana en la que no nos acordaremos de la comida; nos sentiremos nutridas, más productivas, tendremos energía para afrontar las actividades que realicemos y, a la vez, estaremos relajadas y con la mente concentrada.

Si nos levantamos sin hambre, podemos plantearnos cenar de otra manera, ya que es probable que este sea el origen de nuestra falta de apetito matutino. Evita cenar muy tarde, abundantemente o contenidos muy altos en grasa.

Lo más importante en relación con las primeras horas que siguen al momento de levantamos es que recordemos que el organismo lleva muchas horas de ayuno y que el cuerpo va a absorber rápidamente todo lo que ingiramos. Si queremos tomar café, lo más recomendable es que lo hagamos después del resto de alimentos y nunca en primer lugar, para absorber menos sus componentes tóxicos. Nos interesa empezar el día consumiendo alimentos ricos en agua y nutrientes y que contengan muy pocas toxinas.

UNA COMIDA EQUILIBRADA

Una comida equilibrada nos ayudará a reducir, o evitar, los antojos a media tarde o por la noche. Ya sabemos cuáles son los nutrientes que nuestro cuerpo necesita; ofrecérselos es la mejor forma de que nos olvidemos de la comida durante horas y no necesitemos picotear.

Por ello, es recomendable incluir hidratos de carbono, proteínas, grasas, vitaminas y minerales en la comida del mediodía, de la mejor calidad posible.

Podemos hacer un plato combinado en el que los hidratos de carbono supongan alrededor del 25 % del contenido, las proteínas el 30 % y el resto sean verduras. Estas deben ser de tres tipos; son las siguientes, con sus correspondientes porcentajes:

- 20 % de verduras crudas o poco cocinadas para aportar vitaminas y enzimas.
- 5 % de verduras del mar (*wakame*, *dulse*, *nori*, etc.) para aportar minerales.
- 20 % de verduras redondas y de raíz —cocidas a fuego lento y con tapa— para generar dulzor.

Cuando empezamos a adoptar una alimentación más saludable nos encontramos con algunos obstáculos, como siempre que introducimos un cambio en nuestra vida. El que más me mencionan las personas a las que atiendo es que se requiere mucho tiempo para cocinar de forma saludable, tiempo del que no disponen de ninguna de las maneras.

En efecto, se tarda más en cocinar arroz integral que arroz blanco en una cazuela normal, pero tengamos en cuenta lo siguiente:

- Podemos cocer los cereales integrales en la olla a presión; de esta forma, tardaremos entre quince y treinta minutos en cocinarlos (según el tipo de olla).
- Podemos poner a cocer el arroz por la noche o por la tarde, en algún momento en que estemos en casa y podamos poner una alarma para que solo tengamos que apagar el fuego a la hora en que suene.
- Podemos cocer las legumbres y los cereales integrales para varios días.

Cambiar un hábito cuesta, pero con cierta voluntad y motivación suficiente para dar el paso conseguiremos el objetivo, ya que el cuerpo es sabio y, si lo escuchamos, seguro que encontraremos razones de sobra para hacerlo.

Pregúntate a qué dedicas tu tiempo y qué priorizas en tu alimentación.

Estos son algunos ejemplos de comidas equilibradas para el mediodía:

- Garbanzos (proteína vegetal) con quinoa (hidrato de carbono integral), calabaza oriental (verdura dulce) y ensalada de espárragos, *dulse* y cacahuete (vitaminas y minerales).
- Pastel de lentejas (proteína vegetal), arroz integral (hidrato de carbono integral), boniato con canela (verdura dulce) y brócoli al tomillo con *wakame* (vitaminas y minerales).
- Tortilla (proteína animal) con ensalada de rúcula, canónigos y fermentados (vitaminas y minerales), estofado de zanahoria y boniato (verduras dulces) y trigo sarraceno (hidrato de carbono integral).

- Merluza al horno (proteína animal) con zanahoria (verdura dulce), judía verde con *arame* al hinojo (vitaminas y minerales) y mijo (hidrato de carbono integral).

Ver el anexo 4, en el que se presentan varias recetas.

UNA CENA RELAJANTE

Como ya sabemos, los alimentos cocinados relajan más que los crudos. Por ello, por la noche nos conviene ingerir alimentos que relajen y de fácil digestión, ya que el metabolismo es más lento en esos momentos.

Empezar la cena con una sopa, un puré o una crema de verduras es ideal para conseguir esos dos objetivos: relajar y facilitar la digestión.

¿Qué sería bueno que comiésemos a continuación? Depende de la hora a la que cenemos y de la hora a la que nos vayamos a la cama. Lo ideal es cenar temprano o, al menos, dos horas antes de irnos a dormir; en este caso podemos tomar un plato combinado parecido al del mediodía, pero servirnos menos cantidad. Aquí tienes tres ejemplos de plato de estas características:

- Quinoa con verduras y garbanzos.
- Lentejas con verduras y arroz integral.
- Trigo sarraceno con verduras y seitán.

Si cenamos tarde, es mejor que no ingiramos demasiado hidrato de carbono, aunque sea integral, o que lo elijamos de tipo ligero; por ejemplo, quinoa, mijo, arroz integral basmati o cuscús integral. Comamos, además, verduras y proteína (por ejemplo, boniato al vapor con lentejas, brócoli hervido con tofu o humus con trocitos de apio, pepino y zanahoria).

Si queremos tomar pescado, huevo o cualquier otra proteína animal (queso, carne, etc.) es mejor que lo hagamos al mediodía, ya que el metabolismo es más rápido entonces y digeriremos mejor estos alimentos.

ENTRE HORAS

Hemos oído muchas veces lo importante que es comer cuatro o cinco veces al día, pero ¿está bien fundamentada esta recomendación?

Sabemos que el metabolismo se vuelve más lento cuando pasa mucho tiempo entre las comidas. El motivo es que el cuerpo está orientado a la supervivencia. Si llevamos muchas horas sin ingerir alimentos, el cuerpo pasará a gastar más lentamente sus reservas, y lo que reciba lo almacenará, por si acaso lo necesita más adelante.

Hay personas que necesitan comer cada menos tiempo y otras que con dos o tres comidas tienen suficiente.

Las personas más yin suelen tener un metabolismo más lento, y su frío interior les paraliza la digestión. Este tipo de personas suelen necesitar comer poca cantidad y varias veces al día. El hecho de que las porciones sean pequeñas facilita la digestión, y el hecho de que las ingestas sean relativamente frecuentes (cuatro o cinco al día) acelera el metabolismo.

Las personas más yang tienen más calor interior que las personas yin, y lo normal es que tengan más que suficiente con dos o tres comidas diarias, más copiosas.

Por este motivo, la idea de comer cuatro o cinco veces al día no es correcta a mi modo de ver, ya que hay que tener en cuenta el tipo de persona. Es verdad que el cuerpo se acostumbra a todo, pero debemos escucharlo y observar qué es lo que nos sienta mejor.

Si queremos picar entre horas, tenemos muchas opciones saludables: fruta fresca del tiempo; compota de fruta; frutos secos, semillas y pasas; una tostada integral o una tortita de arroz con paté vegetal y verduras frescas (una tostada de pan de centeno con humus y zanahoria rallada, o una tortita de arroz con paté de aceituna y canónigos, p. ej.); o *crudités* con patés vegetales (zanahoria, apio, pepino, endibias, etc.).

> **Recuerda: lo salado activa, lo dulce relaja; lo crudo activa, lo cocinado relaja.**

A media mañana será mejor una fruta fresca o una tostada con humus; mientras que a media tarde, cuando ya estemos en casa relajadas, nos ayudará más una compota de fruta o un paté de calabaza dulce.

CÓMO ORGANIZAR UNA SEMANA PARA COMER SANO Y NO VIVIR PARA COCINAR

Muchas veces me encuentro con personas que quieren comer de manera saludable pero no saben cómo conseguirlo. Entre otras razones aluden a la falta de tiempo, olvidando una cosa: que *comer bien nos ayuda a economizar fuerzas y ganar tiempo.*

Cuando queremos cuidarnos mediante la alimentación, es obvio que necesitamos dedicarle un poco de tiempo al tema. Esto es una realidad. Pero también lo es que a medida que vayamos integrando esta forma de comer en nuestros hábitos de vida y, sobre todo, nos organicemos, con una hora al día como media semanal tendremos más que suficiente para cocinar tres comidas diarias saludables.

En la siguiente propuesta semanal podrás ver el tiempo que necesitas dedicar, más o menos, a cocinar cada alimento. Puedes hacer más cantidad para que la misma comida te sirva para dos momentos diferentes. Por eso en algunas recetas no pongo el tiempo empleado, porque se supone que habrían sido cocinadas en un momento anterior y solo deberíamos calentar la comida si fuese necesario. O puede ser que no aparezca el tiempo requerido para preparar una determinada receta porque es en frío y solo hace falta mezclar los ingredientes (en el caso de una ensalada, por ejemplo).

Vamos a ver cómo podríamos organizarnos:

- Para el desayuno de toda la semana, cocina un día la granola en el horno para toda la semana. Tiempo estimado: quince minutos.
- Domingo: Cocina humus* (quince minutos) y crema de calabaza para dos días (veinticinco minutos), arroz integral* para dos días (veinte minutos) y lentejas* con verduras para dos días (treinta minutos).

* *Los tiempos del arroz y de las lentejas que indico corresponden a la cocción en una olla a presión, y el tiempo del humus corresponde a comprar garbanzos ecológicos ya hervidos. Ver el anexo 4.*

LUNES			
Desayuno Fruta + granola con bebida de arroz, avena o kéfir + una tostada de pan integral + infusión	**Media mañana** Manzana	**Comida** Lentejas con arroz + *wok* de zanahoria, apio y col (20 minutos) + boniato con canela (15 minutos)	**Cena** Crema de calabaza + arroz integral + *wok* de zanahoria, apio y col

MARTES

Desayuno Fruta + granola con bebida de arroz, avena o kéfir + una tostada de pan integral + infusión	**Media mañana** Humus con *crudités* de zanahoria	**Comida** Boniatos con canela + ensalada de rúcula, canónigos y jengibre (5 minutos) + arroz integral + merluza al horno (30 minutos)*	**Cena** Crema de calabaza + cuscús integral (5 minutos) + humus

Mientras se asa la merluza puedes hacer la ensalada, calentar los boniatos y el arroz integral.
Cuece trigo sarraceno para dos días (20 minutos).

MIÉRCOLES

Desayuno Fruta + granola con bebida de arroz, avena o kéfir + una tostada de pan integral + infusión	**Media mañana** Humus con *crudités* de zanahoria	**Comida** Tortilla (5 minutos) + brócoli al tomillo con *wakame* (5 minutos) + paté de remolacha (10 minutos) + trigo sarraceno	**Cena** Sopa de miso con trocitos de tofu (20 minutos) + trigo sarraceno + brócoli al tomillo con *wakame*

JUEVES

Desayuno Fruta + granola con bebida de arroz, avena o kéfir + una tostada de pan integral + infusión	**Media mañana** Paté de remolacha con *crudités* de apio o pepino	**Comida** Garbanzos + *wok* de verdura con quinoa (25 minutos)	**Cena** Sopa de miso + quinoa + garbanzos

Cuece azukis (30 minutos) y arroz integral (20 minutos).

VIERNES

Desayuno
Fruta + granola con bebida de arroz, avena o kéfir + una tostada de pan integral + infusión

Media mañana
Manzana

Comida
Arroz integral + azukis + calabaza oriental para dos días (20 minutos) + ensalada de colores con jengibre (10 minutos)

Cena
Crema de calabacín (20 minutos) + arroz integral + azukis

SÁBADO

Desayuno
Fruta + granola con bebida de arroz, avena o kéfir + una tostada de pan integral + infusión

Media mañana
Tortita de arroz con tahini y zanahoria rallada

Comida
Arroz integral + azukis + calabaza oriental + canónigos (lavar y servir con unas gotitas de aceite)

Cena
Crema de calabacín + arroz integral + seitán (5 minutos)

DOMINGO

Desayuno
Fruta + granola con bebida de arroz, avena o kéfir + una tostada de pan integral + infusión

Media mañana
Plátano

Comida
Bolitas de mijo con crema de castaña (30 minutos) + dos sardinas + rúcula con germinados (lavar y servir con unas gotitas de aceite)

Cena
Crema de coliflor (15 minutos) + bolitas de mijo con crema de castaña + seitán (5 minutos)

Figura 12. Menú para una semana.

De esta forma, habríamos cocinado durante esta cantidad de tiempo:

- Domingo previo: 1 hora y 45 minutos.
- Lunes: 35 minutos.
- Martes: 1 hora.
- Miércoles: 40 minutos.
- Jueves: 1 hora y 15 minutos.
- Viernes: 50 minutos.
- Sábado: 5 minutos.
- Domingo: 50 minutos.

Total: 7 horas.

Decisiones importantes a la hora de hacer la compra:

- Elige pan integral de masa madre en vez de pan blanco.
- Elige pasta integral y arroz integral en vez de sus equivalentes refinados.
- Compra una diversidad de infusiones para poder elegir cada día cuál te apetece tomar. Yo los días fríos elijo infusiones que calientan: tomillo, salvia, jengibre, té *bancha* o café de cereales. Los días de calor suelo optar por infusiones que enfrían: cola de caballo, té blanco o menta. Después de comer elijo infusiones digestivas: hinojo, jengibre o anís. Antes de irme a dormir, opto por infusiones relajantes: pasiflora, malva, malvavisco o manzanilla.

¿Estás dispuesta a dedicar una hora en promedio al día durante la semana para comer de forma saludable? ¡Yo sí!

CAPÍTULO 7

Antiinflamación y depuración

COMBINACIONES DE ALIMENTOS

Combinar adecuadamente los alimentos es importante para hacer bien las digestiones, reducir la inflamación y ayudar al cuerpo a absorber los nutrientes ingeridos.

He clasificado las combinaciones como buenas o malas en función de su efecto sobre la digestión.

Hay algunas combinaciones que generan gases prácticamente en todas las personas, y otras solo en algunas. El individuo yin tiende más a tener gases, pero también es muy relevante el grado en que estemos cuidando nuestra microbiota y el tipo de alimentos que solemos ingerir.

Son malas combinaciones:

- Fruta con cereal o proteína, ya sea vegetal o animal. Ejemplo: muesli con fruta.
- Legumbre con otra legumbre. Ejemplo: sopa de lentejas y garbanzos o falafel de lentejas y garbanzos.

- Azúcar con cereal o proteína, ya sea vegetal o animal. Ejemplo: copos de avena con azúcar.
- El alcohol en general produce gases, sea cual sea el tipo de alimento con que lo combinemos.

Son buenas combinaciones:

- Fruta con otras frutas, aunque puede ocurrir que si se mezclan demasiados tipos se produzcan gases o hinchazón.
- Fruta con verdura. Esta combinación les sienta bien a algunas personas, pero a otras les puede generar algunos gases. Si se combinan frutas y verduras en un batido, es recomendable empezar a ingerirlo en pequeñas cantidades.
- Fruta con agar-agar (alga que sirve para espesar y se utiliza para hacer postres).
- Cereal con cereal. Ejemplo: arroz integral con quinoa.
- Cereal con proteína. Ejemplo: arroz con lentejas, cuscús con garbanzos o merluza con cuscús.
- Cereal y huevo. Ejemplo: pasta integral con huevo.
- Pescado y huevo. Ejemplo: huevo y salmón.
- Las algas, en general, pueden mezclarse con cualquier tipo de alimento sin que se generen malas digestiones.

EL pH DE LOS ALIMENTOS

El pH mide la acidez o alcalinidad de una solución. La medición se efectúa tomando como referencia una escala que va del 0 al 14, donde 7 es el pH neutro. Por debajo de 7 es ácido, y por encima es alcalino.

El pH de nuestro cuerpo varía según el órgano o tejido; por ejemplo, en la piel el pH suele tener un valor de 5,5; en el estómago, de 1,35; en la vagina, de 4,7; en la orina, de 6; y en la sangre se sitúa entre 7,35 y 7,45.

Es tan malo que el cuerpo se acidifique como que se alcalinice. Lo ideal es que cada órgano tenga el pH que le corresponde; esto facilitará su buen funcionamiento. Cuando ingerimos alimentos o tenemos hábitos de vida que desajustan los niveles de pH, el cuerpo necesita equilibrarlos para seguir viviendo, y tiene que realizar un gran esfuerzo para conseguirlo. No nos interesa que el cuerpo se encuentre en esta tesitura, ya que ello se traducirá en menos energía, más inflamación y un sistema inmunitario más debilitado.

Normalmente, los hábitos de vida actuales nos llevan hacia la acidificación; por eso es importante alcalinizar el organismo. Hay que tener en cuenta, de todos modos, que la acidosis es igual de perjudicial que la alcalosis.

El cuerpo responde a la acidificación a través del estrés, el aumento de la temperatura, el aumento de la tensión arterial, el insomnio, el cansancio y los altibajos emocionales.

Algunos de los síntomas que pueden indicarnos que se ha producido una acidificación son los siguientes:

- **Primer nivel:** granitos o acné, nerviosismo, poca energía, alergias alimentarias, hiperactividad, ataques de pánico, ansiedad, falta de deseo sexual, diarrea/estreñimiento, dolor de cabeza, insomnio, mala circulación, acidez.
- **Segundo nivel:** desmineralización, cálculos, herpes, tristeza, depresión, migrañas, pérdida de memoria, calambres, asma, resfriados, cistitis.
- **Tercer nivel:** osteoporosis, esquizofrenia, enfermedad cardiovascular, cáncer, enfermedad de Crohn.

En la sociedad actual se dan una serie de circunstancias que contribuyen a la acidificación; algunas de ellas aparecen reflejadas en la tabla 5. Y en la tabla 6 se indican hábitos alimentarios que acidifican.

TU RELACIÓN CON LA COMIDA HABLA DE TI

CIRCUNSTANCIAS QUE CONTRIBUYEN A LA ACIDIFICACIÓN DEL ORGANISMO	
Contaminación	Estrés
Ansiedad	Enfermedades
Medicamentos	Vida sedentaria
Exceso de deporte	Contaminación electromagnética

Tabla 5.

HÁBITOS QUE CONTRIBUYEN A LA ACIDIFICACIÓN DEL ORGANISMO	
Comer sin hambre	Comer mucha cantidad
Cenar tarde	Comer rápido
Beber durante la comida	No masticar

Tabla 6.

Para saber qué alimentos son más ácidos o más alcalinos necesitamos tener en cuenta distintas variables, ya que es significativo dónde se hayan cultivado, los pesticidas que se hayan utilizado, las propiedades del alimento, etc. Por esta razón no nos podemos fiar de una tabla sin efectuar más análisis.

Los alimentos que han sido cultivados en tierras pobres en las que no ha habido rotación de cultivos tendrán menos minerales y serán más ácidos. Los que han sido rociados con pesticidas también tendrán mayor acidez.

Los alimentos con un pH más ácido son los siguientes: carnes, pescados, grasas saturadas, lácteos, azúcar, café, bebidas azucaradas, hidratos de carbono refinados, legumbres, pasta, pan, cacao, alcohol, frutos secos (excepto la almendra y la castaña), huevos, marisco, miel.

Y los alimentos con un pH más alcalino son: frutas (manzana, limón, plátano...), verduras (judía verde, brócoli, rúcula, zanahoria, apio, calabacín, cebolla, aguacate, *kale*...), algas, mijo, quinoa,

174

jengibre, sal marina, bicarbonato, aloe vera, semillas, almendras, castañas.

El azúcar es muy ácido, de manera que podemos sustituirlo por melaza de arroz, sirope de agave o estevia, que son menos ácidos.

Una carne de ternera criada en libertad, sin hormonas ni antibióticos, será siempre menos ácida que otra que haya sido criada de forma intensiva, sin luz natural, con hormonas o antibióticos. Y un trozo de brócoli cultivado de forma ecológica tendrá un pH más alcalino que el que haya sido cultivado usando pesticidas. Etcétera.

Todos los cultivos próximos al mar suelen ser más alcalinos, ya que reciben parte de los minerales marinos.

Por otra parte, podemos utilizar ciertos trucos para alcalinizar algunos alimentos o reducir su grado de acidez. Estos son algunos de ellos:

- Acompañar con una ensalada o un plato de verduras los alimentos ácidos (la carne, por ejemplo).
- Cocinar los alimentos con un poquito de sal sin refinar, para aportar minerales.
- Cocer las legumbres con un trocito de alga, ya que esta ayudará a ablandarlas, y además les aportará minerales.
- Tomar una bebida alcalinizante antes de empezar a comer.
- Masticar más de lo habitual, ya que la saliva alcaliniza los alimentos.

Algunas bebidas que alcalinizan son:

- Agua de manantial o filtrada.
- Agua templada con una rodaja de limón.
- Agua caliente con miso.
- Caldo vegetal de cebolla y apio con zumo de limón, o de repollo.
- Batido verde.

Los batidos verdes en primavera o verano y los caldos vegetales en otoño o invierno son una forma fácil y saludable de obtener vitaminas y minerales para alcalinizar el organismo. Ese aporte extra de nutrientes, de superalimentos ricos en antioxidantes, nos ayuda a fortalecer el sistema inmunitario, y tiene un efecto antienvejecimiento y regenerador de las células. Además, estos caldos y batidos (de los que encontrarás algunas recetas al final del anexo 4) están riquísimos.

Podemos añadir una cucharadita de superalimentos (ciertos alimentos con un porcentaje de nutrientes superior a la media) a los batidos. En la tabla 7 se enumeran varios de ellos.

ALGUNOS SUPERALIMENTOS	
Verde de cebada (alcalinizante)	Verde de trigo (alcalinizante)
Jengibre (antiinflamatorio)	Cúrcuma (antiinflamatorio)
Levadura de cerveza (rica en vitaminas del grupo B)	Polen (rico en proteínas)

Tabla 7

La acidificación del organismo genera ácidos que el cuerpo elimina a través de los riñones, el hígado, los pulmones, la piel y el intestino.

Todo aquello que genera mucha acidificación va a tener un efecto inflamatorio.

DEPURACIÓN Y AYUNO

A menudo me encuentro con personas que me dicen: «Cuando como, limpio; todo va bien, voy mejor al baño, hago mejor la digestión y me siento con más energía».

Una alimentación limpia es aquella que apenas deja residuos en el organismo, que nos ayuda a hacer mejor las digestiones, no genera inflamación y nos aporta más energía.

Cuando vayamos al baño al día siguiente podremos comprobar si lo que hemos comido era limpio o no: cuanto más nos cueste limpiarnos, menos lo era.

El cuerpo elimina toxinas y ácidos a través de cinco órganos —los riñones, el hígado, la piel, los pulmones y el intestino—, los cuales podemos ayudar a depurar a través de infusiones, ciertos alimentos y otras prácticas.

Aquí tienes varias opciones para ayudar a los cinco órganos mencionados:

- **Riñones**: infusión de ortiga o cola de caballo, beber más agua.
- **Hígado**: infusión de diente de león, extracto de cardo mariano, reducir el consumo de grasas, ingerir lecitina de cerveza.
- **Pulmones**: infusión de jengibre; reducir el consumo de lácteos, harinas y huevos; practicar el *pranayama kapalbhati* (ver la cuarta parte del libro).
- **Piel**: cepillado en seco (haz circulitos con un cepillo por todo el cuerpo en dirección al corazón, después date una ducha para eliminar las células muertas); mascarilla de harina de garbanzo y cúrcuma; evitar los alimentos grasos, la bollería industrial, el azúcar, los lácteos, los productos procesados.
- **Intestino**: alimentos integrales ricos en fibra (prebióticos) y alimentos fermentados (probióticos). Ver la tercera parte del libro.

Cuando entramos en el círculo vicioso de comer alimentos poco saludables y autosabotearnos con la comida nos pueden ser de gran ayuda este tipo de prácticas; porque nos deshinchan, nos hacen sentir más ligeras y nos ayudan a escucharnos y conectar con nuestra esencia. Esto nos da fuerza para salir del círculo vicioso y entrar en el virtuoso.

Al terminar un ayuno, el cuerpo nos pide poca cantidad de comida y alimentos saludables.

El principal objetivo de una depuración o un ayuno no es la pérdida de peso sino la limpieza física y, sobre todo, mental y emocional que tiene lugar. Facilitan la interiorización. Percibimos todo más sutilmente, y el propio cuerpo nos pide que paremos y vivamos más despacio. Los ayunos nos ayudan a conocernos, a transformarnos y a conectar con la sensación de hambre física y con el miedo a la inanición.

Hay muchos tipos de depuración posibles. Si te animas, aprovecha unos días en los que estés tranquila, sin estrés, y puedas estar en contacto con la naturaleza.

Es importante que en los días anteriores y posteriores evitemos las proteínas y grasas de origen animal.

Los alimentos más limpios son el arroz integral y el resto de cereales integrales, las legumbres, las frutas y las verduras, que, al tener fibra, arrastran y se llevan los residuos del intestino. Emprende una depuración de dos semanas con estos alimentos; no pasarás hambre y los efectos serán inmensos. Puedes tomar, además, caldos y bebidas depurativos.

Otro tipo de depuración es la monodieta, que consiste en tomar un alimento concreto durante unos días, como arroz integral o ciertas frutas o verduras. Según mi experiencia, si la monodieta se hace con fruta, con uvas por ejemplo, puede ocurrir que suba el azúcar en sangre, porque la fruta es muy dulce. Si no tenemos el problema de la hiperglucemia, podemos probar a comer solamente frutas y/o verduras durante uno o varios días.

Otro tipo de depuración es el ayuno hídrico, que consiste en tomar solamente agua templada, caldos y batidos. No recomiendo hacer este tipo de ayuno durante más de dos días si no estamos acompañadas por una persona que pueda guiarnos.

Lo ideal es acompañar los procesos de depuración con técnicas de relajación, meditación o cualquier actividad que nos ayude a conectar con nosotras mismas.

Mi recomendación es que si te apetece probar a realizar una depuración o ayuno por primera vez pidas ayuda a alguien que pueda asesorarte, de tal manera que podáis adaptar esta práctica a tus necesidades.

Parte III

¿CÓMO CONECTO CON LO QUE COMO? Fuego

Gritos de fuego escuché ayer en medio de la noche;
me dieron el coraje sin anclajes
que me otorga una mirada sincera y profunda,
verdaderamente ardiente y vagabunda.
Fuego apasionado que, invencible,
gana el paso al frío eterno
y se funde, sin soberbia alguna,
con un deslumbrante firmamento.
¡Oh, fuego sagrado!
Nunca apagado,
estrella que ilumina nuestros pasos,
que caldea nuestro espíritu.
¡Oh, fuego sagrado!

Eladio J. Verdú

«Este mundo [...] siempre fue, es y será fuego eternamente vivo».

Heráclito

Introducción

Desde tiempos antiguos se ha dado una gran importancia a la zona del cuerpo en la que se ubica el intestino delgado. Es básica para nuestra postura y tono muscular. Y nuestra postura habla mucho de nosotras. Si vemos una persona que camina mirando al suelo con los hombros encogidos podemos imaginar que está con el ánimo bajo; en cambio, si vemos otra que camina con la espalda erguida y mirando al frente, nos transmitirá una sensación de vitalidad y de un estado de ánimo alegre.

Nuestro cuerpo habla de nosotras continuamente; no deja de hacerlo ni cuando estamos dormidas. A través de nuestra postura nos comunicamos no solo con el exterior, sino también con nosotras mismas. La postura puede ayudarnos a mostrar más seguridad y confianza; con este fin podemos, por ejemplo, llevar la atención al pecho y hacer una inspiración profunda, o poner una expresión de bienestar en el rostro. En cambio, otro tipo de posturas generan miedo e inseguridad; por ejemplo, encoger los hombros, caminar con la espalda encorvada, mirar al suelo o encerrar el dedo gordo en la mano.

¿Eres consciente de las posturas que adoptas?

Todas las tradiciones han dado un nombre a la zona de la pelvis y el bajo vientre, que ha sido considerada el centro de equilibrio y punto de gravedad del cuerpo humano. Si este punto está equilibrado y tonificado, ello nos aporta conexión con nosotras mismas, fuerza y poder. Este es el lugar en el que residen las entrañas, los sentimientos que no se han expresado con palabras y las memorias.

Al ser el punto de gravedad del cuerpo, es el nexo de unión entre la parte baja y la parte alta del mismo; nos permite tener equilibrio y estabilidad. Además, nos ayuda a respirar mejor, ya que gracias a él el diafragma experimenta menos tensión, se mueve más fácilmente y nos ayuda a respirar con mayor profundidad. De esta forma utilizamos más capacidad pulmonar y eliminamos más toxinas a través de la respiración.

Todas las artes marciales japonesas hablan del *hara* (que significa 'vientre' en japonés). Es un punto ubicado entre 2 y 3 cm por debajo del ombligo, considerado el centro de gravedad y base del equilibrio, el cual se busca activar y tonificar a través de prácticas como el kárate, el aikido, el yudo, el kendo, el *ninjutsu*, etc.

La medicina tradicional china llama a esta zona *diantan* y la relaciona con la energía *jing qi*, energía heredada o energía primordial. Hace referencia a la fuerza que sostiene la vida, la cual se considera que reside en los riñones. Tanto el *hara* como el *diantan* tienen que ver con la absorción y la eliminación e, indirectamente, con los intestinos delgado y grueso, que son los órganos que se ocupan de estas funciones.

En la medicina tradicional china, el intestino delgado se relaciona con el corazón, el verano (el calor) y el elemento fuego. A través del intestino entra, para bien o para mal, todo lo ingerido que después llegará a la sangre, a los órganos y a las células; y, como veremos a lo largo de este capítulo, este órgano afecta directamente a nuestro estado de ánimo. El intestino es donde se juntan los mundos externo e interno; es la barrera y el límite que hay entre ellos.

¿Cómo no podríamos darle importancia si es el que decide lo que cruza o no la pared intestinal?

En la tradición ayurvédica se le otorga muchísima relevancia al sistema digestivo; se considera que es la clave de la salud. Dice un proverbio del ayurveda:

> **Cuando la alimentación es mala, la medicina no funciona; cuando la alimentación es buena, la medicina no es necesaria.**

El yoga describe el *manipura*, el tercer chakra. Es el plexo solar, centro de energía del poder, la voluntad, la coordinación y el sentido del control. Este chakra nos ayuda a conectar con la fuente energética interna. Irradia energía y la distribuye por todo el cuerpo. Se relaciona con la digestión, tanto física como mental o emocional; tiene que ver, por ejemplo, con cómo digerimos lo que llega a nuestra vida y hasta qué punto albergamos pensamientos negativos u obsesivos, tragamos y no compartimos, exigimos y no damos.

De la misma manera, en el yoga se habla del prana, en la medicina tradicional china del *qi* y en la medicina tradicional japonesa del *ki*. Son distintas formas de denominar lo mismo: la energía universal que los hindúes llaman *shakti*. Casi todas las culturas tienen una palabra con la que designar este concepto.

No es extraño que actualmente estemos dando cada vez más importancia a esta zona; estamos recuperando lo que dijeron los sabios en tiempos antiguos. Es probable que nos estemos fijando mucho en el intestino porque en las últimas décadas lo hemos estado maltratando con cambios bruscos de alimentación, y con un estilo de vida que nos desconecta de nosotras y de la naturaleza. El precio que estamos pagando son las intolerancias (cada vez más extendidas), determinadas dolencias y varios tipos de patologías físicas y psicosomáticas.

Una de las primeras preguntas que me gusta hacer a quien entra por la puerta de la consulta es: «¿Cómo haces las digestiones?».

Es raro que la persona responda «bien» o que tiene unas digestiones «ligeras» o «rápidas». Lo normal es que, cuando hago esta pregunta, la persona que tengo enfrente cambie la expresión y me diga: «Mal; después de comer me siento pesada, con gases, hinchada». Suele acompañar esta manifestación con este comentario: «El estómago es mi punto débil». A veces pensamos, erróneamente, que nos duele este, cuando en realidad es el intestino.

A lo largo de esta tercera parte vamos a hablar del intestino desde muchos puntos de vista. Ojalá ello te sirva para conectar con esa zona de tu cuerpo que acabo de mencionar, para reconocer cómo lo que comes afecta la manera en que te sientes después y para dotarte de la fuerza que te permita superar el hambre emocional que fue el tema de la primera parte del libro.

Mi mejor consejo:

> **Si quieres más salud en tu vida,**
> **comienza a cuidar tu intestino.**

CUADERNO DE CAMPO

Cierra los ojos y lleva la atención al abdomen. Coloca las manos en forma de triángulo juntando las puntas de los pulgares en la zona superior y las puntas de los dedos índice en la zona inferior. Respira profundo y siente cómo conectas con esta parte de tu cuerpo.

¿Cómo percibes esta zona? Escribe en tu cuaderno lo que sientes: ¿hay energía?, ¿hay movimiento?, ¿hay capacidad para eliminar lo que sobra?, ¿hay capacidad de absorción?, ¿cómo te relacionas con tu abdomen?

CAPÍTULO 8

El segundo cerebro

EL SISTEMA DIGESTIVO

¿Sabías que la digestión comienza en la boca?, esa parte olvidada tan a menudo cuando comemos y hacemos la digestión.

¿A qué velocidad comes? Ante esta pregunta, la gran mayoría de las personas contestan: «Rápido».

Seguro que has leído o escuchado muchas veces lo importante que es comer despacio; pero ¿por qué es importante masticar con lentitud? Debido a estos efectos físicos:

- La saliva alcaliniza el alimento y ayuda a eliminar las bacterias no beneficiosas que pueden contener los alimentos.
- Le quitamos trabajo al intestino a la hora de digerir y romper todas las partículas que le llegan desde el estómago y la boca (cuanto más masticamos, menos trabajo tiene).
- Nos hinchamos menos.

- Tenemos menos gases.
- Hacemos mejor la digestión.

Y debido a estos efectos emocionales:

- Saboreamos y disfrutamos más la comida, en conexión con el momento presente.
- Salimos del piloto automático y somos plenamente conscientes de que estamos comiendo.
- El primer bocado es el más importante para el objetivo de cambiar nuestra forma de comer; a través de él mostramos respeto por el alimento y hacia nosotras mismas.

La digestión de los hidratos de carbono comienza en la boca gracias a la enzima llamada ptialina. Las enzimas aceleran el proceso de reacciones químicas de la digestión; sin ellas, el proceso sería tan lento que no habría suficiente tiempo para aprovechar los nutrientes.

No obstante, la actividad digestiva comienza antes de que los alimentos sean introducidos en la boca. En cuanto percibe el olor del alimento, el estómago empieza a segregar enzimas, hormonas, glicoproteínas, electrolitos, agua y otras sustancias en preparación para recibirlo.

La saliva tiene muchas funciones, una de las cuales es ayudar a que la digestión comience a tener lugar en la boca. Generamos entre 0,7 litros y 1 litro de saliva al día, el pH de la cual oscila entre 6,5 y 7. Está compuesta por las siguientes sustancias, entre otras:

- Agua (disuelve los alimentos y permite que percibamos su sabor; constituye el 99 % de la saliva).
- Iones de cloruro (activan la enzima ptialina).
- Bicarbonato (neutraliza el pH de los alimentos ácidos).

- Moco (para lubricar y formar el bolo alimenticio que va a pasar a lo largo del tubo digestivo).
- Lisozima (enzima bactericida que destruye las bacterias que contienen los alimentos, protegiendo así los dientes frente a las caries y las infecciones).
- Enzimas (la ptialina para comenzar la digestión de los hidratos de carbono y la lipasa lingual, que se activará en el estómago para emprender la digestión de las grasas).
- Estaterina (proteína de función antibacteriana y antifúngica).
- Opiorfina (seis veces más potente que la morfina a la hora de calmar el dolor).

La lengua impulsa el alimento triturado hacia la garganta, de donde pasa al esófago, y de ahí al estómago.

El estómago es un saquito en forma de media luna que tiene entre 8 y 11 cm de diámetro aproximadamente. Está situado en la parte superior izquierda del abdomen, justo debajo del diafragma. El estómago es un músculo que se expande cuando comemos, hasta el punto de que si ingerimos demasiados alimentos puede, incluso, afectar a los pulmones, que están encima del mismo, y dificultar la respiración. Si todas las señales funcionan bien, una vez que el estómago se expande envía la señal de saciedad al cerebro, y quince o veinte minutos después desaparece la sensación de hambre. ¡Comeríamos mucho menos si esta señal se produjese justo después de tragar y no con la demora indicada! En algunos casos de obesidad puede ser que tenga lugar una resistencia a esta señal, con la consecuencia de que la sensación de saciedad queda anulada y la persona come más de lo necesario.

El estómago es el lugar donde comienzan a digerirse las proteínas, donde se activa la lipasa lingual (enzima presente en la saliva que ayuda a digerir las grasas) y donde se frena la digestión de los hidratos de carbono que comenzaron a digerirse en la boca y

TU RELACIÓN CON LA COMIDA HABLA DE TI

seguirán digiriéndose en el intestino delgado (donde hay un pH más alcalino. El pH es mucho más ácido en el estómago, a causa de la acidez de los jugos gástricos).

El estómago está recubierto de la mucosa gástrica, que lo protege de los jugos gástricos. Esta se regenera cada cinco días, aproximadamente, y es difícil que algo se cuele entre sus células a menos que se encuentre en mal estado, se padezca una gastritis o se estén ingiriendo continuamente muchas sustancias ácidas (café, carne, azúcar, etc.), las cuales generan muchos ácidos (estrés, toxinas, cambio de peso, etc.). Si ocurre esto, las paredes se erosionan y puede crearse una úlcera gástrica.

El estómago recibe entre 1,3 y 5 litros de comida y bebida al día, y genera hasta 3 litros de jugos gástricos cada veinticuatro horas.

En el estómago, el bolo alimenticio se bate gracias a la contracción de las paredes musculares y se mezcla con los jugos gástricos, que siguen con el proceso de trituración y producción de partículas más pequeñas. Estas sustancias pasarán al intestino en estos plazos:

- Menos de dos horas si hemos ingerido alimentos en forma líquida (zumos, batidos, caldos, etc.) o hidratos de carbono.
- Entre dos y cuatro horas si hemos tomado alimentos proteicos.
- Más de cuatro horas si hemos consumido alimentos grasos.
- Entre cuatro y seis horas si hemos ingerido los nutrientes conjuntamente.

La principal función del intestino delgado es absorber los alimentos.

Al intestino grueso llega todo lo que no se ha podido digerir en el intestino delgado: la fibra, sobre todo; también absorbe las vitaminas K, B_{12}, B_1, B_2, ácidos grasos, agua, sal, cloruro sódico y medicamentos gracias a las bacterias que contiene el colon. Además, lubrica las heces y facilita el paso de estas hacia el recto y el ano, e influye en el sistema de defensa del organismo (ya que tiene células inmunitarias en sus paredes).

Las sustancias absorbidas –tanto en el intestino grueso como en el delgado– llegan al hígado. Este las analiza por si hubiera algún elemento patógeno y, en caso de haberlo, lo elimina, bien a través de los riñones y la orina, bien a través de la bilis y el colon.

En el intestino grueso es donde hay más bacterias intestinales, que aumentan en número según se avanza hacia el final de este órgano.

MIS CEREBROS ME HABLAN

Aunque no lo percibamos con los sentidos, los seres humanos estamos interconectados en otro nivel de existencia, formando una extensa red de comunicaciones. Esto explica la empatía. El principio de Mach (1838-1916) dice que lo que acontece en cualquier lugar del universo afecta a la totalidad.

Lo mismo ocurre con los órganos o sistemas de nuestro organismo. Un problema de pulmón no es una circunstancia aislada, ya que va a afectar al sistema inmunitario, al sistema nervioso..., a todos los órganos. Todo está conectado.

A veces la vida nos pone al límite y nos hace conscientes de que, al menos físicamente, no somos inmortales. A los veinte años de edad tuve uno de esos momentos en los que la vida nos pone cara a cara con la muerte. Fue a través de un derrame cerebral originado por una malformación congénita. En ese momento se manifestó muy obvia la relación existente entre mi sistema digestivo y el resto del cuerpo.

Esa mañana del 24 de febrero de 2006 me levanté pronto para ir al médico. Había caído una gran nevada en Madrid y recuerdo perfectamente que crucé el parque del Retiro desde la calle Alfonso XII, donde vivía, para llegar a la calle Ibiza, donde se encontraba la consulta del médico, al que acudía por un tema que no tenía nada que ver con lo que la vida me trajo unos minutos después. Entré en la consulta sintiéndome bien, y el médico me pidió que me tumbara en la camilla para que pudiera examinar unos ganglios que tenía algo inflamados en la axila. Fue justo en el momento de levantarme cuando, de repente, sentí el dolor de cabeza más grande que había sentido nunca. Unos minutos más tarde estaba vomitando, mientras el médico y la enfermera me acompañaban y me pedían que les dijese el teléfono de mis familiares. El dolor de cabeza era tan fuerte que el cuerpo respondía vomitando. Es curioso que el estómago sea siempre el primero en reaccionar. Mi sistema digestivo respondía antes de que mi sistema nervioso me hiciese tomar conciencia de lo que estaba pasando. Según mi forma de interpretar lo sucedido, yo no estaba digiriendo lo que pasaba y la respuesta de mi cuerpo era vomitarlo.

Recuerdo también, de adolescente, un accidente de moto acaecido a un vecino del pueblo; cuando fuimos a ayudarlo se había orinado encima. ¡El miedo había provocado esta reacción!

Hace poco, un amigo me contaba que había tenido una semana de trabajo en la que había padecido muchísimo estrés y que, además, había estado con diarrea toda la semana. Pero solo hasta el viernes, el día en que entregó el trabajo que tenía entre manos. ¡El estrés (conectado a la mente-cerebro) le produjo la diarrea (conectada al sistema digestivo)!

También en fechas recientes, cuando estaba visitando en el hospital a un familiar atormentado psicológicamente, y que tenía además una enfermedad estomacal grave, al contarle lo que estaba escribiendo me dijo: «Soy plenamente consciente de que este malestar psicológico y esta porquería que tengo en la cabeza empeora con mis problemas digestivos».

Son muchos los ejemplos que se podrían poner del vínculo tan directo que existe entre el sistema nervioso y el sistema digestivo, entre nuestro cerebro y nuestro intestino. Se trata de un campo poco estudiado y, no obstante, es un mundo increíble por descubrir. Estoy segura de que los estudios que se están realizando no tardarán en arrojar resultados sorprendentes.

El intestino es la parte del organismo que siente primero, donde reside el impulso instintivo más primario, lo más profundo y visceral de nuestro ser. Con él digerimos la comida, y también, en el nivel inconsciente, lo que pasa en nuestro día a día. No podemos hablar del sistema digestivo sin hablar del cerebro-mente, ni del cerebro-mente sin hablar del sistema digestivo.

En el intestino están alojadas las entrañas, entendidas como la parte más importante o esencial de una cosa, porque es justo ahí donde quedan escondidos los miedos, las memorias, las sensaciones y las tensiones más primarios. Cuando uno empieza a conocerse y a desenredar, reconocer y gestionar esos miedos y memorias tapados y anestesiados comienzan a mejorar las digestiones y el funcionamiento del sistema digestivo. En definitiva, la gestión emocional y el estado del aparato digestivo van muy de la mano.

Hay que tener en cuenta que no podemos tener salud si los órganos abdominales no están bien. Lo que llega al páncreas, al hígado, a los riñones y al resto de órganos depende directamente de la calidad y cantidad de lo que ingerimos a través de los alimentos, y, por supuesto, de la forma en que lo absorbemos. Nos convertimos, al menos en el aspecto fisiológico, en los nutrientes que incorporamos y llegan al torrente sanguíneo. Y esto tiene un efecto sobre la forma en que nos sentimos en los ámbitos mental y emocional.

SISTEMA NERVIOSO ENTÉRICO Y NEUROTRANSMISORES
La serotonina

Uno de los grandes hallazgos relativos al vínculo existente entre nuestro estado emocional y el sistema digestivo fue el descubrimiento de que en el intestino se sintetiza el 90 % de la serotonina, la cual funciona como neurotransmisor (en el cerebro y en el intestino) y como hormona (en la sangre) y genera la sensación de bienestar y placer en nuestro organismo.

La serotonina se relaciona con la sensación de bienestar, equilibrio, control y estabilidad. Cuando sus niveles están bajos, suele aparecer apetencia por el dulce, y pueden manifestarse síntomas como estos: negatividad, ansiedad, actitud obsesiva, migrañas, agresividad, insomnio, irritabilidad, tristeza, apatía, autoestima baja.

Estas son algunas de las funciones que facilita este neurotransmisor:

- La peristalsis intestinal.
- La regulación del apetito sexual.
- La regulación del apetito estomacal, ya que envía señales de saciedad.
- Los biorritmos de sueño-vigilia, ya que regula los niveles de melatonina.
- La temperatura corporal.
- La estabilidad emocional (en cantidades adecuadas, inhibe la agresividad; si los niveles están bajos, puede dar lugar a una depresión; interviene en el estado de humor).
- La regulación de la digestión (si los niveles están demasiado altos produce diarrea, y si están demasiado bajos, estreñimiento).

Aumentar los niveles de serotonina en nuestro organismo puede ayudarnos, además, a reducir las migrañas y dolores de cabeza, a sentirnos más seguros y a que nos resulte más fácil tomar decisiones.

Estas son formas en que podemos aumentar los niveles de serotonina:

- Mediante la alimentación: con alimentos ricos en triptófano, ya que este aminoácido es precursor de la serotonina (pescado, legumbres, frutos secos, etc.); con alimentos que ayudan a incrementar los niveles de serotonina (avena, plátano, chocolate negro, sardinas, huevos, queso, cacahuetes, etc.); con alimentos ricos en omega 3 (pescado azul, semillas de lino, nueces, etc.); con suficientes proteínas, vitaminas y minerales (las dietas con poca proteína, o bajas, sobre todo, en las vitaminas D y B, y en magnesio y calcio, pueden hacer que bajen los niveles de serotonina); y con alimentos de hoja verde ricos en folatos (espinacas, brócoli, coles, etc.). En cambio, la cafeína, el alcohol y los edulcorantes artificiales hacen descender los niveles de serotonina.

- Exponernos a la luz del día, ya que vivir de noche o trabajar en lugares faltos de luz natural disminuye los niveles de esta sustancia.
- Practicar deporte, ya que reduce el estrés, genera bienestar y nos ayuda a dormir mejor.
- Descansar. Se ha visto que el sueño profundo aumenta los niveles de serotonina durante el día.
- Reducir el estrés, ya que los niveles de serotonina se reducen, como hemos visto, cuando lo hay; existe el riesgo de que este problema se convierta en crónico.
- Marcarnos objetivos realistas y alcanzarlos mejora mucho el estado de ánimo.
- Tener una vida sexual activa, ya que tras la práctica sexual se segrega más serotonina y, por tanto, aumenta el sueño.

El sistema nervioso

El sistema nervioso está compuesto por el sistema nervioso central y el sistema nervioso periférico somático.

El sistema nervioso central está formado por el encéfalo, que controla casi todas las actividades corporales, y por la médula espinal, por donde pasan las vías motoras y sensitivas entre el sistema nervioso central y la periferia del cuerpo. También regula los movimientos reflejos.

El sistema nervioso periférico somático es el conjunto de nervios y neuronas que están fuera del sistema nervioso central. Está compuesto por los doce pares de nervios craneales, uno de los cuales es el nervio vago, del que vamos a hablar, y los nervios espinales.

El sistema nervioso autónomo forma parte del sistema nervioso periférico somático; y se divide, a su vez, en el sistema nervioso autónomo simpático, el parasimpático y el entérico. El sistema nervioso simpático es el encargado de la actividad; nos prepara para la acción. El sistema nervioso parasimpático es el encargado del funcionamiento de los órganos internos, del descanso, de la digestión y de las funciones del cuerpo cuando este se encuentra en estado de reposo. El sistema nervioso entérico, como vamos a ver a continuación, es el conjunto de nervios y neuronas que están presentes en el tubo digestivo y afectan su funcionamiento.

El segundo cerebro

Hoy sabemos, gracias a varios estudios (como el de Michael Gershon, director del Departamento de Anatomía y Biología Celular de la Universidad de Columbia, en Nueva York), que existe un segundo cerebro, y que las paredes del intestino cuentan con una red neuronal que tiene la misma estructura que las neuronas cerebrales. Estas neuronas, al igual que las del cerebro, generan neurotransmisores que ayudan a la comunicación intercelular, y también al correcto funcionamiento del cuerpo. Todas las células disponen de receptores para los neurotransmisores, de manera que lo que ocurre a lo largo del intestino afecta a todo el organismo.

Las neuronas de las paredes intestinales ayudan a la comunicación continua entre el cerebro y el sistema digestivo, y afectan al estado emocional y a la sensación de bienestar.

Los mensajes se desplazan a través de neurotransmisores que emite el sistema nervioso en ambas direcciones. ¿Qué quiere decir esto? Que el cerebro manda información al sistema digestivo y que este, a su vez, envía información al cerebro. Hay una vía (llamada *eferente* o *motora*) a través de la cual el cerebro se comunica con el sistema digestivo: por ejemplo, estamos preocupadas y se nos cierra el estómago, o estamos nerviosas y esto nos provoca una diarrea, o estamos enamoradas y sentimos mariposas en el estómago, o tenemos estrés o ansiedad y sentimos como si alguien nos estuviera agarrando y apretando las tripas, etc. Y hay otra vía (llamada *aferente* o *sensitiva*) a través de la cual el sistema digestivo se comunica con el cerebro: algo nos sienta mal o comemos de más y esto nos genera una sensación de confusión mental y dificultad para concentrarnos, o algo nos sienta mal y no tenemos energía, etc.

Como ya hemos comentado, el sistema nervioso del aparato digestivo es denominado sistema nervioso entérico, y forma parte del sistema nervioso autónomo. Se encarga de controlar las acciones involuntarias del sistema digestivo, como las siguientes:

- La secreción de ácidos en el estómago.
- La producción de mucosa en la pared intestinal.
- El estado de la microbiota.

También lleva a cabo otras funciones, como estas:

- Influye en el estado emocional de la persona.
- Libera hormonas. El sistema nervioso entérico secreta una gran parte de la adrenalina (hormona que ayuda a prolongar la reacción simpática en el organismo, es decir, la actividad y el movimiento) y del cortisol (hormona que ayuda a que el organismo se recupere tras mucha actividad simpática; por ejemplo, tras la movilización de energía en momentos de gran estrés).

Este sistema nervioso está en relación con el sistema nervioso central, pero no depende de él, ya que tiene su propia actividad, que mantendría aunque cortáramos la comunicación con el cerebro.

El sistema nervioso entérico supervisa el tubo digestivo y, a su vez, es supervisado por el sistema nervioso central. Está compuesto por unos cien millones de neuronas y miles de nervios; de ahí que sea muy complejo. Tiene funciones muy importantes para la salud física aparte de las mencionadas; también para la salud emocional. Vamos a profundizar en ello.

Las neuronas del intestino generan neurotransmisores que ayudan a la comunicación entre ellas. Se han encontrado al menos treinta neurotransmisores producidos por las paredes intestinales. Algunos de los más importantes son la serotonina (de la que ya hemos hablado), la dopamina, la acetilcolina, el ácido gammaaminobutírico (GABA) y la noradrenalina.

El 50 % de la dopamina se sintetiza en las paredes intestinales. Estimula la repetición de experiencias placenteras y tiene mucha importancia ante los impulsos y los atracones de comida, como ya hemos visto en la primera parte del libro.

La dopamina nos ayuda a tener ilusión y motivación por la vida. Se vincula a la relación con el placer como recompensa, y a las adicciones. Se ha visto que las personas con adicciones (a las drogas, a la comida, etc.) tienen menos dopamina en el organismo que las que no son adictas a nada. Suelen premiarse con determinados alimentos (o drogas de cualquier tipo) cuyo consumo reiterado les produce placer; acaban incorporando eso a su vida y, de esta manera, generan un hábito difícil de modificar. Estos son algunos síntomas que pueden presentarse cuando los niveles de dopamina están bajos: falta de interés por la vida, baja motivación, incapacidad de sentir placer, sueño alterado, fatiga, cambios de humor, mala memoria, adicciones, aumento de peso, presencia de culpabilidad y desesperanza.

Para incrementar la síntesis de dopamina es conveniente aumentar el consumo de alimentos ricos en L-fenilalanina y tirosina (huevos, pescado, legumbres, cereales integrales, etc.), magnesio y antioxidantes; y reducir la ingesta de azúcar y cafeína.

La acetilcolina estimula la actividad secretora y la motilidad intestinal, y es generada por la unión de los nervios parasimpáticos. Tanto la serotonina como la acetilcolina tienen un efecto directo en la digestión y el estado de ánimo. La acetilcolina relaja el miocardio y reduce los latidos y el ritmo de la respiración.

En cambio, los nervios simpáticos producen noradrenalina y adrenalina, que actúan en sentido opuesto, ya que inhiben las funciones gastrointestinales.

El GABA es un neurotransmisor que inhibe el sistema nervioso central, regula el tono muscular y facilita el paso de los impulsos eléctricos de las células nerviosas a los músculos y órganos. Ayuda a regular el insomnio, el estrés, la dispersión mental y los cambios de humor, y reduce la ansiedad. Tiene un efecto sedante, ansiolítico y relajante en el ámbito digestivo. El GABA controla también el esfínter esofágico (si hay déficit de este neurotransmisor, pueden producirse reflujos o una hernia de hiato).

La noradrenalina es un neurotransmisor del sistema nervioso simpático, antagonista de la acetilcolina. Ambas controlan la motilidad intestinal. El exceso de noradrenalina puede generar estreñimiento; y el de acetilcolina, diarrea.

En el intestino también se han encontrado receptores de opioides, que producen analgesia, motilidad y secreción intestinal. De esta forma, consiguen un efecto similar a las endorfinas, que, como sabemos, son analgésicos naturales.

Nervio vago

Además de analizar las neuronas que hay en la pared del intestino, también es interesante prestar atención al nervio vago, que es controlado por el sistema nervioso parasimpático. Forma parte de los nervios craneales; es el décimo de ellos, y el más largo. Tiene su origen en la cabeza, baja por el cuello y el esófago, pasa entre el pulmón y el corazón y llega hasta la región torácica y abdominal, atraviesa el diafragma e inerva el estómago y los intestinos. Tiene una función importante en los movimientos peristálticos del tubo digestivo, estimula la producción de ácido gástrico, regula los movimientos gastrointestinales durante la digestión, ayuda al cuerpo a relajarse, permite que el ritmo cardíaco vaya más lento, regula el sueño, reduce la tensión arterial e interviene en la sudoración. Es el nervio que conecta directamente el cerebro con el intestino.

El tono vagal es la capacidad que tiene el nervio vago de inhibir el ritmo cardíaco. Cuanto mayor sea este tono, más posibilidad tendremos de relajarnos, y esto hará que funcionen mejor el sistema digestivo y el resto de sistemas del organismo relacionados con el sistema nervioso parasimpático. Al aumentar el tono vagal se consigue regular mejor el azúcar en sangre, mitigar el riesgo de accidente cerebrovascular, bajar la presión arterial, mejorar la digestión (pues el estómago segrega más enzimas digestivas) y reducir las migrañas.

En el aspecto emocional, un tono vagal alto nos induce un estado de ánimo más positivo, menor ansiedad y un mayor control sobre el estrés. Cuanto más alto está el tono vagal más fácil es revertir las consecuencias del estrés y evitar que este se haga crónico.

Si unimos todo esto a lo que comentábamos a lo largo de la primera parte del libro, podremos deducir que cuanto más alto esté el tono vagal, menos hambre emocional experimentaremos.

El nervio vago tiene un papel crucial en el funcionamiento del intestino, puesto que reconoce la presencia de las sustancias patógenas. Así, modula la respuesta inflamatoria de este órgano. La inervación sensitiva permite reconocer la irritación de la mucosa y la presencia de sustancias químicas agresivas, frente a lo cual se genera una respuesta inflamatoria. Y, como ya sabemos, existe una relación muy directa entre el estado del intestino, la inflamación y el estado emocional.

Llegadas a este punto, probablemente te estés preguntando qué puedes hacer para estimular tu nervio vago con el fin de aumentar tu tono vagal. Aquí hay una lista de posibilidades:

- Practicar la respiración abdominal y diafragmática.
- Estimular las cuerdas vocales (al hablar o cantar).
- Lavarte la cara con agua fría.
- Meditar.
- Hacer ejercicios de relajación.
- Equilibrar la microbiota (conseguir que aumenten las bacterias intestinales beneficiosas y se reduzcan las perjudiciales).
- Aguantar la respiración unos segundos.
- Contraer el abdomen.
- Tumbarte en una superficie inclinada con la cabeza más baja.

Estimular el nervio vago puede tener un efecto positivo tanto en el ámbito físico como en el emocional; incluso ha beneficiado a personas con depresión.

CAPÍTULO 9

Alimento para la microbiota

LA MICROBIOTA

El estado de la microbiota va a afectar al sistema inmunitario, al estado de ánimo, a la energía que tenemos y a nuestra calidad de vida en general.

Si tomásemos conciencia de la cantidad de microorganismos con los que convivimos, quedaríamos muy sorprendidos; más aún teniendo en cuenta que en la sociedad actual lo normal es ducharse a diario, usar asiduamente productos de limpieza y lavarnos las manos (a veces compulsivamente) con el objetivo de eliminar las bacterias. No quiero decir con esto que tengamos que convertirnos en personas poco aseadas; el mensaje que quiero transmitir es que es positivo que las bacterias estén presentes en nuestra vida, puesto que la gran mayoría de ellas son muy beneficiosas, incluso imprescindibles. Las hay, eso sí, muy perjudiciales, que han motivado la mala fama que tienen las bacterias en su conjunto (estos bichitos han sido causa frecuente de muerte y han generado graves problemas de salud, como el cólera y la tuberculosis).

Se calcula que tenemos unos cien billones de bacterias —dos kilos— en el organismo. Todas ellas comen, producen desechos y se reproducen (más de la mitad de las heces son bacterias y residuos de estas). En el intestino no solo encontramos bacterias (constituyen el 90 % de la flora aproximadamente), sino también virus, hongos y levaduras. Todos estos microorganismos aumentan en gran proporción según vamos acercándonos al intestino grueso y al final de este.

Como comentábamos al hablar del sistema digestivo, el estado de nuestro sistema inmunitario está muy relacionado con el estómago y el intestino, ya que es aquí donde se encuentran el 70 % de las defensas inmunitarias del organismo, concretamente en el tejido linfoide asociado al intestino (GALT por sus siglas en inglés, *gut associated lymphoid tissue*). Las células del sistema inmunitario que residen en las paredes intestinales se llaman *inmunocitos*; están en contacto con la microbiota y supervisan lo que llega a este órgano. Son capaces de discernir eficazmente entre los patógenos invasivos y los antígenos inocuos, y atacan solamente a los primeros.

El hecho de estar en contacto con muchos tipos de posibles patógenos y bacterias en el intestino supone un entrenamiento para el sistema inmunitario, que debe distinguir entre las bacterias beneficiosas y las perjudiciales. Este contacto permanente hace que el sistema inmunitario pueda reconocer y eliminar más rápidamente los patógenos que se encuentran fuera del intestino. Pero también puede equivocarse y pensar que algunas bacterias «buenas» son «malas». Esto puede dar lugar a una inflamación que, si se alarga en el tiempo, puede llegar a hacerse crónica y generar enfermedades como alergias, la enfermedad de Crohn, úlceras intestinales, etc.

Las bacterias se adaptan al estilo de vida y a la alimentación de la persona, así como al clima y otros factores, para aprovechar al máximo los beneficios de cada situación. La alimentación correcta favorece a las bacterias beneficiosas; en cambio, la no saludable (la que está basada en la comida precocinada, las *pizzas*, las grasas saturadas, etc.) favorece a las bacterias que se nutren de estos alimentos, que no son las más «buenas». Además, este tipo de alimentación reduce la diversidad de bacterias en el intestino, al no aportar los microbios que necesitamos. Otro tipo de comestibles, como los ricos en fibra y los fermentados, sí pueden aportar estos microorganismos fundamentales. Lo que más daña a las bacterias beneficiosas es la ingesta de antibióticos, una alimentación pobre en fibra, los periodos de diarrea, la ingesta o generación de toxinas y el consumo de drogas.

Esto explica por qué no son tan buenos el exceso de higiene personal ni la exagerada limpieza de los espacios físicos: ello hace que estemos expuestos a menos tipos de bacterias, lo cual repercutirá en una menor eficacia del sistema inmunitario, lo cual, a su vez, hará que estemos más vulnerables y seamos más propensos a contraer enfermedades.

Las bacterias son necesarias para la vida por muchos motivos; ya hemos apuntado alguno de ellos: entrenan al sistema inmunitario, ayudan a que el colon digiera todo lo que el estómago no ha podido digerir, producen vitaminas (las del grupo B y la K) y contribuyen a eliminar las toxinas ingeridas a través de los alimentos o medicamentos.

Las bacterias influyen también en las sensaciones de hambre y saciedad. Cuanto mejor las alimentamos, más saciado se siente nuestro organismo, y, por lo tanto, menos comemos. Las bacterias también repercuten en el peso y la obesidad; se ha visto que los niños obesos, especialmente, tienen una microbiota menos variada que los que no lo son. La obesidad estimula la inflamación, la cual hace que la glándula tiroides funcione peor y metabolice la grasa más lentamente. El resultado es un mayor incremento del peso.

Si nos alimentamos a base de hidratos de carbono refinados (pan blanco, arroz blanco, azúcares, etc.) aumentarán las bacterias que se alimentan de este nutriente poco saciante, lo cual nos hará experimentar más hambre y sentir que necesitamos más hidratos de carbono refinados. Se trata de un círculo vicioso. Seguro que has comprobado en algún momento de tu vida que al dejar de consumir azúcar el cuerpo deja de pedirlo, mientras que si, tras un periodo sin tomar azúcar, comes algo que lo lleva, el cuerpo vuelve a acostumbrarse enseguida y empieza a reclamarlo de nuevo, cada vez en mayores cantidades. Si no te habías dado cuenta, haz un experimento contigo misma, y constatarás que el periodo de adicción y el síndrome de abstinencia duran poco (sobre todo este último).

Las bacterias influyen en cómo nos sentimos y cómo nos comportamos. Estudios hechos con ratones han revelado que la composición de su microbiota se ve alterada si los sometemos a estrés; también se ha visto que la microbiota de los ratones más ansiosos contiene más microbios patógenos (los que llamamos «malos»).

Cuantos más microbios patógenos hay en el intestino, más inflamación se produce, debido al gas y las toxinas generadas, lo que, a su vez, genera más patógenos. De esta forma se entra en un círculo vicioso muy negativo.

Los microbios perjudiciales compiten con los que nos benefician. Si aumentamos la cantidad de bacterias «buenas», quedará menos espacio para las «malas». El organismo está programado para que haya más microbios beneficiosos; hace que estos puedan generar sustancias bactericidas que ataquen a los perjudiciales, o que el sistema inmunitario, en estado sano, refuerce las defensas para combatir una enfermedad. Pero esta tendencia se puede invertir si debilitamos las bacterias buenas, como sucede, por ejemplo, en caso de disbiosis intestinal, que se da cuando las bacterias malas se propagan por la microbiota. Esta situación, además, puede hacer que aparezcan microbios resistentes a los antibióticos, lo cual también afectará negativamente a la microbiota y a nuestra salud cuando necesitemos el concurso de estos medicamentos para combatir una infección.

Las bacterias malas se alimentan, sobre todo, de productos de origen animal. Si el intestino no está muy sano cuando estos se digieren (y no suele estarlo), la digestión se ralentiza y aparece la putrefacción en el interior de este órgano, lo cual hace que la situación de disbiosis empeore.

LA MICROBIOTA EN LOS RECIÉN NACIDOS

Los bebés se encuentran en estado de asepsia dentro del vientre materno. No hay bacterias dentro de la bolsa del líquido amniótico. Es en el momento del parto, al romperse la bolsa, cuando las bacterias empiezan a entrar en contacto con el nuevo ser y empiezan a colonizarlo. La microbiota irá modificándose a lo largo de toda la vida de la persona.

El bebé comienza a poblar su microbiota en el parto gracias a las bacterias vaginales y anales que le transfiere su madre. Esta es una de las principales razones por las que el parto natural es mucho más aconsejable que la cesárea. En el primer caso estamos ayudando al individuo a gozar de un sistema inmunitario más fuerte; en el segundo, el bebé obtendrá la microbiota a través de las bacterias que se incorporen a su organismo en el hospital y las que le aporten las personas que están a su alrededor.

También es importante la lactancia materna, ya que la leche de la madre aportará al bebé unas bacterias mucho mejores que las que le puedan aportar las leches preparadas, lo cual fortalecerá su sistema inmunitario.

Y, por último, si queremos ayudar a que el bebé o niño tenga una microbiota saludable y muy diversa, así como un sistema inmunitario fuerte, conviene que le demos de comer productos naturales tras el destete. Esto implica quitar parte de la fibra en caso de ser necesario (con un pasapurés, por ejemplo). Y es aconsejable evitar siempre los alimentos refinados, o «preparados para niños», en los menús infantiles. Las primeras comidas que deben conocer nuestros hijos tienen que estar compuestas por frutas, verduras, legumbres y cereales integrales; este es el mejor legado que les podemos dejar.

Cuando veo los menús para niños se me encoge el corazón: patatas fritas, alimentos con conservantes, comestibles poco naturales, fritos, tomate frito de bote, etc.

Recuerdo unos meses en que estuve viviendo en Dublín y trabajaba de *au pair*. La comida de las dos niñas que cuidaba se basaba en macarrones (por supuesto refinados) con tomate frito de bote y carne picada congelada, zanahorias pequeñas (*baby carrot* las llamaban) congeladas y trocitos de pescado frito congelado (los «famosos» *fish fingers*, que creo que poco pescado contienen en realidad). La pequeña, que tenía dos años, padecía estreñimiento. A veces la abuela traía fruta cuando venía de visita, y, curiosamente, la niña tardaba diez minutos en ir al baño después de comerla. Y es que los niños necesitan los mismos alimentos que los adultos. En aquella casa no faltaban la cerveza para el padre y el vino blanco para la madre; sin embargo, el viernes, cuando volvían del supermercado con la compra semanal, solamente traían tres plátanos y dos manzanas para las cinco personas que vivíamos en la casa. ¿El motivo? La fruta era cara, decían. Se me ponen los pelos de punta al rememorarlo.

Recuerdo también cuando, con dieciséis años, trabajaba de camarera en bodas. La comida infantil consistía en patatas fritas, embutidos y fritos, lo cual era acompañado con bebidas repletas de azúcar, por supuesto. Luego veía que los niños estaban hiperactivos... No es extraño, pues este tipo de alimentos dañan la microbiota, sobre todo la de los niños, que se encuentra sensible y en estado de formación.

En síntesis, esto es lo que aconsejo para mejorar la microbiota de los bebés y los niños:

- Lo ideal es el parto natural y alimentar al bebé con leche materna.

- Realizar el destete con alimentos lo más naturales posible.
- Evitar los menús para niños.

LA MICROBIOTA EN LA TERCERA EDAD

Los primeros momentos de la vida son esenciales en la formación de la microbiota. También hay que prestarle especial atención a medida que nos hacemos mayores, ya que envejece al ralentizarse todo el proceso digestivo debido a la menor producción de enzimas. Por este motivo aumenta el estreñimiento y aparecen digestiones más lentas, en las que se generan patobiontes (bacterias que no son dañinas en condiciones y cantidades normales, pero que pueden traer problemas si proliferan demasiado).

En esta edad, la falta de ejercicio físico reduce la elasticidad de los tejidos y hace que la peristalsis y el tránsito intestinal sean aún más lentos.

Si a través de los alimentos no ingerimos fibra (el mejor tipo de hidrato de carbono para las bacterias del colon, ya que el resto de carbohidratos suelen absorberse en el intestino delgado), las bacterias intestinales obtendrán los carbohidratos que necesitan de la mucosa intestinal. Esta se debilitará, lo cual permitirá que bacterias patógenas y otras sustancias indeseables puedan atravesar la barrera intestinal e incorporarse al organismo (como decíamos en otro lugar, el intestino es el lugar donde entran en contacto el mundo interno del organismo y el mundo externo del entorno que nos rodea). El sistema inmunitario se pondrá en estado de alarma, y si esta situación se mantiene, aparecerán la inflamación crónica y las enfermedades inflamatorias del intestino.

En cambio, si la alimentación es rica en fibra aumentarán los ácidos grasos de cadena corta, los cuales contribuyen a reducir la inflamación gracias a la fermentación bacteriana, con lo que aumentará la protección frente a los organismos patógenos.

Reducir la ingesta de grasa saturada, sobre todo de origen animal, también ayudará a reducir la inflamación, si esta medida se acompaña con la ingesta de probióticos.

La degeneración también puede verse acelerada por enfermedades, traumas, un peso demasiado alto o demasiado bajo, y otras causas. Una buena alimentación siempre va a ser beneficiosa en estos casos, sobre todo con el fin de que no se acumulen las toxinas.

Estos son, en síntesis, los consejos que permitirán mejorar la microbiota en la tercera edad:

- Aumentar el consumo de fibra.
- Reducir el consumo de grasas saturadas de origen animal.
- Incrementar el consumo de probióticos.
- Caminar y hacer ejercicio suave.

LOS PREBIÓTICOS Y PROBIÓTICOS

Cada célula del cuerpo (¡y hay muchos billones!) come, se reproduce y genera residuos. Cuando decimos *somos lo que comemos*, queremos decir que lo que ingerimos va a formar parte de las células cuando estas lo digieran. De esta manera construimos no solo lo que somos físicamente, sino también mentalmente y emocionalmente.

Según cómo nutramos las bacterias de nuestro intestino, este va a mandar unos neurotransmisores u otros, o a generar un tipo u otro de sustancias.

¿Qué alimentos nutren realmente la comunidad de bacterias intestinales que contribuye al fortalecimiento del sistema inmunitario y a dejar de lado la inflamación? Sobre todo, los prebióticos y probióticos. Vamos a conocerlos con cierta profundidad.

Prebióticos

Los prebióticos, que son los componentes no digeribles de los comestibles, son alimentos para nuestra microbiota, que los hidroliza y fermenta. Son buenos para los huéspedes que albergamos en el intestino, ya que estimulan de forma selectiva la proliferación o la actividad de determinados tipos de bacterias del colon beneficiosas, generalmente las bifidobacterias y/o los lactobacilos, que son las principales. Normalmente, los prebióticos son fibra soluble, y hay varios tipos:

- Fructanos: inulina y fosfooligosacáridos (FOS). Presentes en la cebolla, el ajo, el plátano, etc.
- Oligosacáridos de la soja, rafinosa y estaquiosa.
- Isomaltooligosacáridos. Se producen por la hidrólisis enzimática del almidón procedente de distintos cereales o tubérculos (miso de arroz, *sake*, etc.).
- Galactooligosacáridos (GOS). Proceden de la leche.
- Lactulosa. Se obtiene tras tratar la lactosa.

Las bifidobacterias fermentan los FOS, la inulina y los GOS, y los lactobacilos fermentan los GOS y la lactulosa. Ambos tipos de bacterias resisten la disminución del pH del intestino, mientras que las «malas», como el clostridium, no la resisten.

Los prebióticos tienen estas funciones en el organismo:

- Son alimento para las bacterias intestinales.
- Cuando son fermentados por las bacterias generan ácidos grasos de cadena corta, que a su vez generan energía y protegen el intestino de la inflamación.
- Reducen el pH del intestino.
- Aumentan el volumen de las heces.
- Favorecen el tránsito intestinal.
- Promueven las bacterias intestinales.
- Estimulan la absorción del calcio (al fermentarse disminuyen el pH del intestino y esto favorece la absorción del calcio, al ser este más soluble en un ambiente más ácido).
- Reducen el colesterol.

Son alimentos ricos en prebióticos los que contienen inulina y fructooligosacáridos (FOS): la raíz de la achicoria, la cebolla, el ajo, el puerro, el espárrago, el plátano, el trigo, el diente de león y la alcachofa, entre otros.

Es habitual consumir un gramo diario de FOS, pero a partir de los resultados arrojados por estudios se recomienda aumentar la ingesta a dos gramos diarios como mínimo, y diez como máximo. No conviene sobrepasar los veinte gramos diarios, ya que en estos casos se ha visto que aumentan las flatulencias, aparece una ligera distensión abdominal y se padecen diarreas o calambres.

Un estudio reciente ha confirmado que estos prebióticos alimentan también la bacteria *klebsiella*, la cual provoca permeabilidad intestinal, hinchazón abdominal e irritación de la mucosa. Por este motivo, como ya hemos comentado, lo mejor es hacer la prueba de tomarlos sin abusar de ellos, ya que ingerir en exceso cualquier alimento beneficioso puede tener efectos contraproducentes.

La fermentación es un proceso a través del cual la microbiota del colon genera enzimas que son capaces de digerir hidratos de carbono y proteínas. Es decir, la fermentación digiere lo que no ha podido digerir el intestino delgado. También sabemos que cuanto antes fermente un alimento, mejor, ya que así se aprovecharán más las sustancias de la fermentación antes de que el alimento pase por el intestino y lo abandone a través del recto y el ano. De la fermentación se obtienen, entre otras sustancias, los ácidos grasos de cadena corta (AGCC).

Los AGCC son el principal alimento de las células del colon; es aquí donde se absorben y metabolizan. Se ocupan de reducir el pH, producir energía, estimular la reabsorción del agua y el sodio, aumentar el flujo sanguíneo en el colon, incrementar la secreción pancreática y de las hormonas gastrointestinales, estimular el sistema nervioso autónomo, regular el metabolismo lipídico y de la glucosa, disminuir la síntesis hepática del colesterol, reducir la glucosa postprandial y mitigar la respuesta insulínica.

Se calcula que necesitamos ingerir unos 60 g de fibra diarios para tener la microbiota del colon equilibrada, una cantidad muy superior a la que normalmente se ingiere, que es de menos de 20 g.

En el colon pueden fermentar también las proteínas que no han sido digeridas en el estómago o en el intestino delgado, y también puede hacerlo el moco intestinal.

En el caso de que no se produjese la fermentación, todas estas sustancias se expulsarían a través de las heces.

Solo la fibra soluble puede fermentar; la insoluble no puede hacerlo.

Probióticos

Los probióticos, por otro lado, son bacterias que pasan por nuestro intestino y entran en contacto con las bacterias y células que residen en él. Producen una serie de efectos al continuar su camino hacia el recto y el ano, por donde serán expulsados. Resisten la acidez estomacal, la bilis y las enzimas digestivas.

Los microorganismos que forman parte del intestino compiten entre sí, y, siguiendo una ley universal, sobreviven aquellos que mejor se adaptan, que más crecen y más se reproducen. Esto los hace evolucionar y adaptarse a los cambios (relativos a la comida, a los hábitos de vida, etc.). Como hemos comentado con anterioridad, algunas de las bacterias son beneficiosas (las bifidobacterias y los lactobacilos, por ejemplo), mientras que otras generan toxinas y pueden ser patógenas (la *Escherichia coli*, los *Bacteroides fragilis*, el clostridium y las fusobacterias, entre otras).

Los probióticos tienen funciones importantes en el organismo:

- Aportan una gran cantidad de microorganismos y aumentan la diversidad de la microbiota. Cada intestino es único y necesita una serie de microorganismos concretos, y no es fácil averiguar cuáles exactamente. Por ello, cuantos más microorganismos aportemos a través de la dieta, más fácil será dar con aquel que realmente se necesita.

- Fortalecen el sistema inmunitario. Hacen que este se relacione con más microbios, lo que le permite aprender a regular su respuesta a la hora de atacar a los más peligrosos solamente.
- Comen azúcares, reducen el contenido en azúcar de los alimentos y producen ácidos, alcohol y gases.
- Dan comienzo a la digestión de los alimentos y hacen más fácil la digestión posterior.
- Mandan señales a otras partes del cuerpo para fortalecer la salud en general.
- Protegen la pared del intestino al aumentar la secreción de la mucosa; refuerzan las fronteras intestinales y evitan que partículas de comida, u otras sustancias no deseadas, las atraviesen.
- Protegen frente a infecciones gastrointestinales.
- Fabrican vitaminas de los complejos B y K.

Podemos encontrar probióticos en estos alimentos:

- El kéfir de agua o de leche.
- La *kombucha*.
- El miso.
- El *umeboshi*.
- El tamari.
- Las verduras fermentadas, como el chucrut.
- El *amasake*.
- El yogur natural.
- El *tempeh*.
- El *kimchi*.

Para que sus propiedades se conserven mejor, lo ideal es que estos alimentos no estén pasteurizados y no se metan en el frigorífico.

Si queremos cuidar de nuestra microbiota necesitamos ingerir frutas, verduras, legumbres, cereales integrales y alimentos fermentados.

Todos estos comestibles son fermentados fácilmente por la microbiota gracias a su contenido en fibra soluble. Es recomendable cocinarlos de forma sencilla y limpia, como comentábamos en la segunda parte del libro.

La dieta actual predominante, rica en hidratos de carbono refinados e hiperproteica, reduce, o elimina, los alimentos fermentables, genera putrefacción (la cual produce amoniaco) y reduce los AGCC.

Los alimentos que debemos evitar si queremos proteger nuestra microbiota son los siguientes:

- Los azúcares (incluidos los hidratos de carbono simples).
- Los estimulantes (café, chocolate, té, etc.).
- Los picantes (pimienta, curri, etc.).
- Las carnes y embutidos.
- El alcohol y los vinagres.
- Los alimentos procesados y poco naturales.
- Los medicamentos (en la medida de lo posible).

¿Qué ocurre si no ingerimos alimentos ricos en fibra? Que la microbiota se alimenta de los hidratos de carbono que segregan las células del intestino, lo cual hace que la mucosa intestinal se debilite, deje de proteger y se inflame, lo cual facilita que pueda aparecer una patología intestinal.

MENÚ PARA UNA SEMANA DEDICADA AL CUIDADO DEL INTESTINO

Ver el anexo 4, «Recetas».

LUNES

Desayuno	Media mañana	Comida	Media tarde	Cena
Caldo de miso + crema de avena con kéfir al limón	Humus con *crudités*	Garbanzos + *wok* de verduras con quinoa + canónigos + una cucharada de verduras fermentadas	Manzana asada con *amasake*	Crema de coliflor + quinoa

MARTES

Desayuno	Media mañana	Comida	Media tarde	Cena
Infusión de tomillo con unas gotas de tamari + crema de avena con kéfir al limón	Dos frutas de estación	Merluza al horno con boniato + una cucharada de verduras fermentadas + *wok* de verduras con quinoa	Humus con *crudités*	Judías verdes con *arame* al hinojo + trigo sarraceno con verduras

MIÉRCOLES

Desayuno	Media mañana	Comida	Media tarde	Cena
Un vaso de kéfir de agua + tostada de masa madre con ajo (frotado sobre el pan) y aceite de oliva	Paté de remolacha con *crudités*	Arroz integral con lentejas + ensalada con verduras fermentadas	Manzana al horno con *amasake*	Calabaza oriental + arroz integral

JUEVES

Desayuno Infusión de salvia con *umeboshi* + tostada de masa madre con ajo (frotado sobre el pan) y aceite de oliva	**Media mañana** Paté de aceituna con *crudités*	**Comida** Ensalada de cebada a la naranja + un huevo duro + *wok* de zanahoria, apio y col + una cucharada de verduras fermentadas	**Media tarde** Bebida de *amasake* con algarroba	**Cena** Ensalada de cebada a la naranja

VIERNES

Desayuno Un vaso de *kombucha* + crema de mijo y quinoa con kéfir al limón	**Media mañana** Tortita de arroz con tahini y zanahoria rallada	**Comida** *Wok* de verduras con trigo sarraceno + una cucharada de verduras fermentadas + dos sardinas	**Media tarde** Paté de aceituna con *crudités*	**Cena** Sopa de miso con tofu y quinoa

SÁBADO

Desayuno Infusión de malva con kuzu + crema de mijo y quinoa con kéfir al limón	**Media mañana** Dos frutas de la estación	**Comida** *Wok* de verduras con arroz integral + una cucharada de verduras fermentadas + bolitas de garbanzos con salsa de zanahoria	**Media tarde** Manzana asada con *amasake*	**Cena** Judías verdes con *arame* al hinojo + seitán de espelta

DOMINGO

Desayuno Infusión de té *bancha* + frutas de la estación con kéfir de leche	**Media mañana** Tostada de pan de masa madre con ajo y aceite de oliva	**Comida** Salmón a la plancha + quinoa + una cucharada de verduras fermentadas + ensalada de espárragos, *dulse* y cacahuete	**Media tarde** Tortita de arroz con tahini y trocitos de apio	**Cena** Sopa de miso con quinoa y tofu

Figura 13. Menú semanal para cuidar nuestra microbiota.

CAPÍTULO 10

Estudio sobre los problemas del sistema digestivo

PROBLEMAS DIGESTIVOS Y GESTIÓN EMOCIONAL

Una gran parte de la población padece problemas digestivos, ya sean dolores abdominales, gases, hinchazón, etc., y, sin embargo, no les damos la suficiente importancia. Muchas personas sufren en silencio sus trastornos digestivos, convencidas de que no se puede hacer nada al respecto. Tienen pensamientos del estilo «mi padre también sufría colon irritable, es hereditario» o «todas las mujeres de mi familia tienen sobrepeso». Este tipo de frases se repiten en mi consulta como si se tratara de mantras, y yo replico: «Si quieres, puedes cambiarlo».

Frases o creencias limitantes como las mencionadas no solo nos llevan a eludir responsabilidades, sino que también nos impiden tener la voluntad de hacer algo para cambiar las cosas.

No hacer bien las digestiones, tener gases habitualmente, vivir con diarreas permanentes, ir al baño un día sí y dos días no, no es

219

lo normal. Si se manifiestan este tipo de síntomas es evidente que tenemos un problema de salud al que debemos prestar atención, como cuando tenemos bronquitis o una infección ocular. Si no tomamos conciencia de ello, amparadas en nuestras «creencias», la situación irá empeorando con el paso del tiempo, hasta que se desencadenará una crisis. Vale la pena que intentemos dar un giro a la situación antes de que esto ocurra, que escuchemos los mensajes de nuestro cuerpo y vivamos de forma más plena y consciente.

En muchas ocasiones, los dolores abdominales tienen que ver con una microbiota pobre, y es importante que sepamos que vamos a mejorar de los síntomas si cambiamos de alimentación e introducimos hábitos de vida saludables.

Una mala digestión puede tenerla cualquier persona, sea cual sea su peso. Los individuos delgados también padecen dolores abdominales, estreñimiento, gases y malestar.

Quiero compartir contigo un estudio que he llevado a cabo mientras escribía este libro con personas que padecían problemas digestivos (colon irritable, gases, hinchazón, colitis ulcerosa, la enfermedad de Crohn, etc.).

La muestra del estudio es pequeña —los sujetos fueron dieciséis personas— pero nos proporciona una información que coincide con los resultados de otros estudios realizados, lo cual me reafirma en la idea de que la alimentación y la gestión emocional están muy vinculadas, y de que ambas tienen mucho que ver con los problemas digestivos.

Si quieres saber cuáles fueron las cien preguntas que contestaron este grupo de personas, puedes encontrarlas en mi web: www.sumati.es/tu-relacion-con-la-comida-habla-de-ti. Si las contestas, estoy segura que te van a ayudar mucho a ser consciente de cómo comes y de la forma en que esto se vincula con tu forma de vivir.

Esto fue lo que dijeron algunos de los participantes al terminar de responder a la encuesta:

«Me ha venido muy bien el cuestionario, porque me he ido dando cuenta, según iba respondiendo, de que no solamente me afectan ciertos alimentos, sino de que tiene mucho que ver lo que me pasa diariamente, y de que tengo que cambiar de trabajo YA ☺».

«No me había dado cuenta, hasta que lo has preguntado, de que mis síntomas digestivos tienen mucho que ver con cómo soy. Resulta que veo que todo lo hago de forma exagerada: soy la persona más calmada del mundo y, de pronto, exploto. Un día estoy superfeliz y al otro me quiero morir, no me comprometo con nada, leo cinco libros a la vez y no termino ninguno, ayudo a todo el mundo de forma exagerada y no dejo que nadie me ayude, no me pongo triste, me deprimo, no me enfado, entro en ira, no estoy contenta, estoy en éxtasis...; es como si no hubiera un término medio en nada. O estoy estreñida o salgo corriendo al baño con un dolor horrible, o me vacío del todo o me quedo todo dentro... No hay orden en nada, no hay tierra, nada estable, nada quieto. Hay miedo a lo estable, al compromiso, a la repetición. Algo así como querer escapar y no querer vivir lo que toca. Ha sido un trabajo muy bonito e intenso, la verdad. Para mí ha sido de mucha ayuda el test. Muy, muy interesante».

«Sí que relaciono mis síntomas, en algunos aspectos, con mi forma de ser, con cómo me han enseñado a reaccionar ante los conflictos. Ahora siento que me han manipulado y no me han dejado ser yo, pero de adulta cuesta mucho cambiar patrones de conducta».

«Tengo claro que la agitación, el estrés y la preocupación están estrechamente relacionados con mi problema».

«Me ha servido para conocerme mejor; ¡muchas gracias!».

«Cuando siento falta de tranquilidad o se presentan conflictos me cuesta mucho digerirlo, y los nervios o la prisa interna los encierro en el estómago».

RESULTADOS DEL ESTUDIO

Estas fueron algunas de las respuestas más significativas:

El 69 % vincularon las molestias intestinales con el estado emocional. Afirmaron que las molestias empeoraban claramente cuando tenían las emociones revueltas, sobre todo cuando la preocupación era mayor. El 25 % dijeron que no sabían si existía este vínculo y el 6 % restante dijeron que no veían ninguna relación.

El 88 % manifestaron que se preocupaban mucho por los demás y que ello hacía que los síntomas empeoraran.

El 63 % respondieron que comían más de lo que necesitaban y que ello aumentaba las molestias intestinales.

El 75 % afirmaron que sentían la necesidad de limpiarse internamente.

El 81 % experimentaban algún bloqueo en su interior (en el pecho o en las piernas, el estómago, las entrañas, etc.) que relacionaban con la frustración, el miedo, la vergüenza, la sensación de abandono, la inseguridad al decir las cosas, la relación con sus hijos o los problemas o inquietudes respecto al trabajo, la salud, el dinero o el amor.

El 63 % sentían un nudo en el estómago que vinculaban con el miedo, la impotencia, querer hacer las cosas mejor y no saber cómo, la ansiedad, el enfado, la incomodidad, los nervios, la tristeza, etc., y esa sensación empeoraba cuando comían rápido o mal. Dijeron frases como «el estrés se me agarra al estómago».

El 75 % manifestaron que les costaba relajarse.

El 94 % dijeron que no pedían favores y el 6 % restante que estaban aprendiendo a pedirlos. Expusieron frases como «no me gusta pedir favores», «no me gusta deber nada», «yo no pido favores».

El 69 % afirmaron que les costaba expresar sus emociones. Dentro de este porcentaje, el 28 % dijeron que no expresaban lo que calificaban de negativo (la tristeza, el miedo y la ira) y el 13 % que les costaba expresar lo que consideraban positivo (como la alegría).

El 81 % reconocieron que se exigían mucho.

Otro 81 % indicaron que necesitaban controlar su vida y que llevaban muy mal la incertidumbre.

El 75 % afirmaron que no les importaba gastar en otros, pero sí en ellos.

El 69 % admitieron tener la autoestima baja. Del 31 % restante, la mitad manifestaron que si bien no la tenían del todo baja se podría mejorar, y la otra mitad dijeron que habían partido de una baja autoestima pero que habían logrado subirla después de trabajarla.

El 63 % afirmaron que se querían poco, y el mismo porcentaje que no se ponían en primer lugar.

El 56 % reconocieron que tenían un gran sentimiento de culpa.

El 69 % admitieron que tenían tendencia a guardar.

El 63 % se sentían con poca energía, sobre todo después de comer.

El 56 % manifestaron que tenían dolor de cabeza a menudo.

Otro 56 % dijeron que respiraban con la parte más superficial de los pulmones. El 31 % contestaron que no sabían cómo lo hacían, y solo el 13 % afirmaron que respiraban de forma tranquila y utilizando el abdomen y el tórax. Una persona manifestó que le costaba respirar.

Me sorprendió que, sin preguntarlo, el 27 % afirmaran que eran individuos muy celosos.

CLAVES PARA GESTIONAR LOS PROBLEMAS DIGESTIVOS

A raíz del estudio he averiguado los siete puntos que, a mi modo de ver, son claves para mitigar los problemas digestivos. Aparecen sintetizados en la figura 14.

```
┌─────────────────────────────────────┐
│      CLAVES PARA MITIGAR LOS         │
│      PROBLEMAS DIGESTIVOS            │
│  ┌───────────────────────────────┐  │
│  │  • Comer más despacio.        │  │
│  │  • Eliminar toxinas del cuerpo.│ │
│  │  • Aprender a recibir y a pedir.│ │
│  │  • Gestión emocional.         │  │
│  │  • Gestión de la autoexigencia.│ │
│  │  • Gestión del sentimiento de culpa.│ │
│  │  • Aprender a respirar y a relajarnos.│ │
│  └───────────────────────────────┘  │
└─────────────────────────────────────┘
```

Figura 14.

Comer más despacio. Para reducir toxinas y comer consciente-mente, consulta el capítulo nueve, apartado «El sistema digestivo».

Eliminar toxinas del cuerpo. Así fortalecemos el sistema inmunitario, reducimos los dolores de cabeza y aumentamos la energía. Consulta el capítulo siete, apartado «Depuración y ayuno».

Aprender a recibir y a pedir. El desequilibrio entre dar y recibir, del que ya hemos hablado en la primera parte del libro, nos quita energía y puede ser el origen de problemas digestivos que nos están dando un mensaje claro: que nos tengamos en cuenta y empecemos por darnos a nosotras, que nos cuidemos, que empecemos a recibir. Consulta el capítulo tres, apartado «Mi autoestima: aprendo a recibir y a pedir».

Aprender a gestionar nuestras emociones. Para disolver la sensación de bloqueo interior y el nudo que puedas tener en el estómago, consulta el capítulo dos, apartado «¿Cómo gestiono mis emociones?».

Gestión de la autoexigencia. Consulta el capítulo tres, apartado «Control y autoexigencia».

Gestionar el sentimiento de culpa. Consulta el capítulo tres, apartado «Ante la culpa aprendo a perdonarme».

Aprender a relajarnos y a respirar. Para gestionar el estrés y la ansiedad, consulta el capítulo doce.

Todas las acciones dirigidas a mejorar en estos siete puntos nos ayudarán a tener menos síntomas digestivos.

CUADERNO DE CAMPO

- ¿Qué te ha llamado la atención de los resultados del estudio?
- ¿Vinculas tu forma de comer, o tu relación con la comida, con algún aspecto de tu vida que hasta ahora no habías tenido en cuenta?
- ¿Qué es lo verdaderamente importante en tu día a día?
- ¿Hay equilibrio entre lo que das y lo que recibes?
- ¿Cuánto te exiges a ti misma?
- Cuando necesitas algo, ¿eres capaz de pedirlo?
- ¿Comes en exceso?
- ¿Qué es lo que hace que tengas la necesidad de eliminar toxinas de tu cuerpo, si es que la tienes? ¿Hay algo que puedas cambiar?
- ¿Expresas tus emociones?
- ¿Eres capaz de relajarte y respirar conscientemente?
- ¿Existe algún vínculo entre tu relación con la comida y tu autoestima?

Parte IV
¿CÓMO COMO?
Aire

Aire, resoplando, siempre pasas,
valiente y ligero de equipaje,
aparentemente incoloro,
paleta infinita de aromas, sabores y sueños,
que se expanden, haciendo de cada instante
un momento sutilmente transcendente.
En tu vibrar profundo,
haces sonar lo inaudible,
conectándome en cuatro estaciones,
cuatro direcciones...
¿Cuántas dimensiones?...
Todas mis esencias.
¡Oh, aire eterno!
Siempre acariciando lo vivo y lo muerto,
dulce caricia que anuda el universo.
¡Oh, aire eterno!

Eladio J. Verdú

«Que nada me pertenezca.
Solo la paz del corazón y el frescor del aire».

Kobayashi Issa

Introducción

nte el hambre emocional tenemos la oportunidad de mirar hacia dentro y conectar con nuestra naturaleza espiritual. Necesitamos confiar en nuestro poder y ser capaces de estar en silencio con nosotras mismas, con quien vamos a pasar toda la experiencia de la vida. Esto es lo que nos nutre espiritualmente de verdad.

Olvidarnos de que somos seres espirituales nos genera sufrimiento. Este olvido nos hace vivir en precario, dependiendo siempre de lo externo. Hace que nos identifiquemos con todo lo que ocurre a nuestro alrededor. Nos hace víctimas de los juegos de la mente, de sus miedos y caprichos. Pero nosotras no somos eso. Para ser felices necesitamos trascender la personalidad en alguna medida, porque en realidad somos el observador, el testigo, la autoconciencia que genera nuestra existencia en virtud de dónde se posa, ya sea de forma volitiva o azarosa. Todos los males que sufrimos se deben a esta errónea identificación: confundir nuestra mente-ego con lo que en verdad somos, la conciencia.

Decirlo parece fácil, pero ¿cómo podemos percibir nuestra naturaleza espiritual? La respuesta solo puede ser: a través de un trabajo personal profundo. En este ámbito, el yoga de Patanjali puede ayudarnos e indicarnos el camino.

En nuestra sociedad, en la que estamos inmersas en un determinado ritmo de vida, no se trata de que nos convirtamos en yoguis y yoguinis, sino de que alcancemos cierto grado de serenidad mediante el poder que nos concede nuestra conciencia: el de dirigir nuestros pensamientos y actos a voluntad. La conciencia tiene siempre la última palabra en cuanto a los movimientos de la mente; puede detener cualquier carrusel mental. Pero necesitamos también la voluntad. La meditación desarrolla ambas.

Sabemos que una alimentación saludable nos ayuda a sentirnos mejor, pero también debemos nutrir nuestro ser. Las respuestas las tenemos dentro, pero solo se activan mediante la experiencia consciente y el autoconocimiento.

CAPÍTULO 11

Más allá de este cuerpo físico

onfiguramos nuestra propia realidad. Dos personas pueden tener la misma vivencia; sin embargo, mientras que a una le puede resultar agradable, otra puede experimentarla como dolorosa, según cuál sea el aspecto en el que pongan el acento. Por ejemplo, un día de esquí en la nieve puede ser una vivencia placentera para una persona que sabe esquiar y lleva meses esperando la temporada, mientras que otra que va a esquiar por primera vez puede ser que pase frío y acabe con dolor en las espinillas, agotada y exhausta. La idea que cada una tenga de la jornada será muy diferente.

No somos conscientes de todo lo que ocurre a nuestro alrededor en un momento dado; nuestro aparato cognitivo hace una selección. Solo vemos aquello a lo que estamos atentas. Y, además, lo que vemos no es la realidad, sino una percepción condicionada por nuestras experiencias vividas.

Hace unos meses visité las minas de Potosí, en Bolivia. Llevaba puesto un casco con linterna para poder ver por dónde iba. Era capaz de orientar la luz hacia un lugar u otro, y veía una parte u otra de la mina según dónde la enfocaba. De la misma manera, podemos elegir hacia dónde dirigir la atención en el día a día: hacia la incertidumbre en relación con el futuro, hacia el arrepentimiento en relación con el pasado, hacia el presente, hacia los aspectos positivos, hacia los aspectos negativos, etc. Tenemos un mar de posibilidades y somos nosotras quienes elegimos. Por otro lado, todo lo que percibimos se ve condicionado por nuestras creencias, experiencias y expectativas. No vemos todo lo que hay, ni mucho menos; advertimos solo una parte, la cual, además, condicionamos.

En estados de mucha paz mental se percibe el exterior (y el interior) de una forma más amplia y sutil. Captamos informaciones que normalmente nos pasan desapercibidas; es como si el foco del casco minero aumentara su luminosidad para permitirnos observar mejor lo que ocurre dentro y fuera de nosotras. Esas percepciones que recibimos en estados de serenidad, correspondientes al momento presente, se nos escapan cuando las preocupaciones y obligaciones del día —o las que tienen que ver con el pasado o el futuro— hacen que nuestra atención se deposite en sensaciones más burdas.

Vivimos a menudo de forma automática, guiadas por la rutina, que nos lleva de una tarea a otra sin que apenas nos demos cuenta de lo que sucede a nuestro alrededor. Nuestra mente está siempre enfrascada en «otros asuntos», y lo poco que percibimos del entorno lo prejuzgamos superficialmente, sin efectuar el menor análisis.

Con la práctica del yoga despertamos a nuevas sensaciones y a espacios mentales en los que habita la serenidad. Y aprendemos a conectarnos con ese espacio; construimos, así, un refugio interior en el que podemos cobijarnos cuando lo necesitamos. Puedo asegurarte que en los momentos de crisis personales que he tenido en mi vida siempre he recurrido a este cobijo, lo cual me ha ayudado de una forma de la que ni siquiera soy consciente.

Debajo de la piel que tocamos hay tejidos, sistemas, órganos y células que se relacionan con nuestra mente y emociones. Y en un nivel más sutil, por debajo de ellas, estamos compuestos por los cuatro elementos que conforman el mundo: el fuego, el aire, el agua y la tierra, que se transforman, de alguna manera mágica, en los elementos químicos.

Podemos imaginar y sentir los cuatro elementos no como tales, sino como una serie de características. Y podemos conectarnos con ellos a otro nivel para ser capaces de percibir que nuestra existencia no se reduce al cuerpo —a la parte física que vemos y tocamos—, sino que se expande más allá de nuestra piel y nuestras células. No hay dentro ni fuera; todos los seres estamos unidos en un todo en un nivel de la realidad que nuestra mente no alcanza a percibir.

¿Cómo podemos conectar con los elementos? Pondré, a modo de ejemplo, formas en que yo lo hago. En el caso del fuego, me levanto temprano por la mañana, al amanecer, y me pongo frente al sol con los ojos cerrados y las palmas giradas hacia él. De esta forma siento cómo la luz penetra en mi cuerpo. En el caso del aire, siento su presencia cuando practico ejercicios de respiración, o cuando la brisa roza mi piel y me hace sentir que estoy viva. En el caso del agua, conecto con su energía al lavarme la cara por la mañana con agua fresca, o cuando escucho el sonido del mar. En el caso de la tierra, siento por ejemplo que la energía de la madre tierra me nutre cuando estoy comiendo; experimento su acogida, su abrazo, su cuidado y su protección. Me conecto con ella a través de cada bocado; busco estar presente en el acto de comer, y agradezco todo lo que me ofrece.

Si conectamos con los elementos que nos conforman —con lo que somos más allá del ámbito físico—, empezamos a intuir que no somos el cuerpo. Este forma parte de la naturaleza, y las personas lo habitamos durante un tiempo limitado. Nuestro cuerpo está formado por células, pero más allá de ellas está constituido por partículas más sutiles que no vemos ni a través del microscopio, las cuales sentimos solamente en ciertos momentos, cuando percibimos de una forma especial. Estas partículas más sutiles podemos notarlas en forma de cosquilleo, de calor, de vibración, etc.; llegan al sistema nervioso antes, incluso, de que absorbamos la vitamina D a través de la piel, de que cambie el pH del cuerpo a través de la respiración, de que nuestras células se hidraten con el agua que bebemos o de que absorbamos los nutrientes ingeridos a través del intestino.

¿Recuerdas algún momento de tu vida en el que hayas sentido esta plenitud? ¿Un instante en el que te pareció que tocabas otra realidad, o en el que te diste cuenta de que no eres este cuerpo que tocas y ves? Tal vez te ocurrió delante de un bonito paisaje, ante una mirada de tu pareja, ante la sonrisa de un niño, durante un viaje en tren...

Es una sensación maravillosa; en ella, todo está donde tiene que estar. Esta plenitud está dentro de nosotras, pero ocurre que la tapamos con historias del pasado y del futuro. La práctica del yoga nos acerca a este tipo de experiencias; nos ayuda a desarrollar la sutileza, a percibir y escuchar nuestras verdaderas necesidades. Como veremos a continuación, el yoga es una forma de vivir, un estado en el que estamos en paz con nosotras y con todo lo que nos rodea.

La práctica del yoga ha sido para mí, y sigue siendo, una herramienta imprescindible y maravillosa para favorecer la autorreflexión y la serenidad. Me ha ayudado mucho a conocerme; y en mi práctica profesional he comprobado que es un magnífico recurso que permite a las personas reducir, y eliminar, los impulsos que suelen ir unidos al hambre emocional.

CAPÍTULO 12

El yoga de Patanjali

L a meditación y las prácticas psicofísicas tienen una antigüedad milenaria. Sabemos que se realizan en la India desde
dos mil años antes de Cristo, por lo menos. En las excava-
ciones llevadas a cabo en el valle del Indo a principios del siglo
XIX se encontraron unas tablillas de cobre y esteatita con distintas inscripciones. En una de ellas aparece una figura, que data de
esa época, que tiene el aspecto de un *shadu* actual en postura de
meditación.

Hacia los años 300-400 a. C., el sabio Patanjali compiló todas las prácticas que se venían realizando desde hacía tanto tiempo, y estableció un sistema muy claro y específico hacia el logro
espiritual. El objetivo era muy concreto: *Yoga citta vrtti nirodhah*,
dice el segundo yoga sutra de Patanjali, que se puede traducir
como 'detener los movimientos (o fluctuaciones) de la mente'.
Esta es la verdadera meta de la práctica del yoga. Lo «demás» llega por sí solo.

OBSTÁCULOS

El ser humano sufre porque no se conoce. No sabe quién es realmente; no conoce su esencia, que no es otra que un estado final de suprema paz y armonía. Ocurre que tapamos dicho estado con toda nuestra actividad vital, con nuestro carácter individual y nuestro ego. Al contrario de lo que creen muchas personas, la práctica del yoga no busca la iluminación; se parte de la idea de que todas estamos ya iluminadas, de que tenemos todo el conocimiento dentro, y de que todo lo que hay que hacer es eliminar los obstáculos que nos impiden ver esa luz interior, que reside en todos los seres. Imagina que mirásemos al cielo en un día nublado y que, al ver solo nubes, pensásemos que el sol no existe. Los obstáculos tienen este efecto en nuestra mente. Como ocurre con el sol, el espíritu también está ahí, pero no lo percibimos. Los obstáculos son los causantes de la sensación de infelicidad, insatisfacción y vacío.

El yoga de Patanjali habla de cinco obstáculos que nos impiden percibir la luz del espíritu y, por tanto, ser felices. Son los siguientes:

La ignorancia

Es no conocer nuestra verdadera naturaleza; es confundir lo que somos (pura conciencia, *purusa* en sánscrito) con lo que creemos que somos (la mente, el cuerpo, las enfermedades, las emociones, las experiencias, las situaciones...; *prakriti* en sánscrito). El ser que observa (*purusa*) se identifica con lo que ve o vive (*prakriti*) y sufre los males que son inherentes a ello (dolor, culpa, malestar, sufrimiento, etc.). Cuando nos desidentificamos de lo que nos ocurre, de lo que pensamos y de lo que sentimos —de nuestro ego, en definitiva—, eliminamos la ignorancia.

¿Somos capaces de convertirnos en meras observadoras de lo que sucede?

El ego y el egoísmo

El ego es el sentido del yo en cuanto persona aislada, como consecuencia de la ignorancia. El ego nunca está satisfecho; siempre quiere más. Cuando advertimos que no somos nada de lo que nos ocurre, de lo que pensamos, de lo que sentimos, etc., sino que somos quien observa todo ello, acabamos con el ego.

¿Somos capaces de desidentificarnos de lo que acontece?

El apego

Es el aferramiento inconsciente a los placeres sensuales, que nos quitan la voluntad y condicionan y limitan nuestra libertad. Es una consecuencia del ego. Cuantas más dependencias tengamos, en una situación más precaria estaremos, y más infelices seremos. Cuando actuamos según lo que debemos hacer, prestando atención al camino más que a la meta o los resultados, sin esperar nada a cambio, erradicamos los apegos.

¿Cuánto apego tenemos a lo material? ¿Y a lo emocional? ¿Y a lo espiritual?

La aversión

Es evitar lo que no nos gusta y evadirnos de las responsabilidades. Es otra consecuencia del ego. Cuando acabamos con los prejuicios y aceptamos todo lo que llega en el curso lógico de la vida, eliminamos la aversión.

¿Hasta qué punto aceptamos todo lo que llega a nuestra vida?

El miedo a la muerte

Es el origen de todos los miedos. La conciencia es eterna; lo que es mortal es el cuerpo, la mente, los problemas, etc. Al hacernos conscientes de ello acabamos con el miedo a la muerte. Y quien es capaz de erradicar el miedo a la muerte elimina, al mismo tiempo, todos los demás miedos.

¿Somos capaces de conectarnos con el sentido de eternidad?

Para poner fin a estos cinco obstáculos, Patanjali nos plantea los ocho escalones del yoga, que vamos a ver a continuación.

LOS OCHO ESCALONES DEL YOGA

Yama

Incluye cinco actitudes con relación al entorno:

- *Ahimsa*: no violencia hacia los demás ni hacia una misma, a través de la palabra, los actos y los pensamientos.
- *Satya*: decir la verdad, tanto en el ámbito de la palabra como en el del pensamiento.
- *Asteya*: no robar ni desear lo que es de otros.
- *Bramacharya*: abstinencia o moderación sexual.
- *Aparigraha*: no posesión (no acaparamiento).

Niyama

Engloba cinco actitudes con relación a nosotras mismas:

- *Sauca*: limpieza física y mental.
- *Santosa*: contentamiento, ecuanimidad, satisfacción con lo que tenemos.
- *Tapas*: austeridad.
- *Svadhyaya*: estudio de los textos sagrados.
- *Ishvara pranydana*: devoción hacia todo lo que nos rodea.

Asana

Práctica de posturas físicas con el objetivo de flexibilizar y fortalecer el cuerpo y la mente, y reducir las perturbaciones y molestias corporales. Estas posturas nos ayudan a estar inmóviles sin percibir el cuerpo para poder meditar sin que este sea un obstáculo. La mejor *asana* es aquella en la que están presentes la firmeza, la comodidad y la inmovilidad sin forzar.

Pranayama

Técnicas de respiración para controlar la mente. Tienen que estar presentes la inspiración (*puraka*), la espiración (*rechaka*) y la retención (*kumbhaka*).

Pratyahara

Replegar los sentidos, retirarlos de las actividades cotidianas.

Dharana

Concentración en un objeto, que puede ser el cuerpo, la respiración, un mantra, un sonido, etc. Todavía hay conciencia de sujeto y objeto.

Dhyana

Concentración continuada. Todavía hay conciencia de sujeto y objeto. La diferencia entre *dharana* y *dhyana* es que en la primera nos concentramos en un objeto concreto, mientras que en la segunda somos capaces de estar alertas sin focalizarnos en ninguno.

Samadhi

No hay separación entre sujeto y objeto, lo cual constituye la culminación del yoga. Nos convertimos en pura conciencia. *Purusa* se separa de *prakriti*.

PRÁCTICAS YÓGUICAS

Entre las múltiples prácticas yóguicas que existen he seleccionado aquellas que, a mi modo de ver, más nos ayudan a serenar la mente y mejorar el funcionamiento del sistema digestivo. Todas estas prácticas están asociadas a distintos beneficios, pero hay uno que ofrecen todas ellas: contribuyen a que seamos más autorreflexivas. En esta autorreflexión se encuentra el secreto para resolver el problema de los atracones y de los impulsos inconscientes que nos llevan a ingerir comida sin darnos cuenta.

Esta voluntad consciente conseguirá que el hambre emocional desaparezca.

En las páginas siguientes encontrarás ejercicios de *pranayama*, *pratyahara*, *dharana* y *dhyana*. Si quieres conocer ejercicios y secuencias de asanas para mejorar el funcionamiento del sistema digestivo, o como trabajo previo de concentración antes de abordar el resto de escalones del yoga, puedes encontrarlos en este sitio de Internet: www.sumati.es/tu-relacion-con-la-comida-habla-de-ti.

Pranayama

Los ejercicios respiratorios se practican en posición sentada, no tumbada, y sin forzar los pulmones. Es importante empezar despacio, dedicando poco tiempo al ejercicio elegido al principio, para evitar mareos o la hiperventilación.

Si la respiración se acelera o aparece cualquier malestar, es mejor detenerse que seguir intentándolo y forzar.

Respiración completa o yóguica

Técnica: Nos sentamos con la espalda recta en una postura cómoda. Enfocamos la atención en la respiración.

Al inspirar, expandimos primero el abdomen, después las costillas y por último el pecho. Al espirar, aflojamos y relajamos primero el pecho, después las costillas y finalmente el abdomen.

Al principio puede ser útil poner una mano en el pecho y otra en el abdomen para sentir el movimiento.

Beneficios: Masajea los órganos abdominales gracias al movimiento del diafragma; aprovecha y amplía toda la capacidad pulmonar al aumentar la elasticidad de los pulmones y el tórax; oxigena el organismo y ayuda a eliminar toxinas; activa la circulación y tonifica el corazón; y ayuda a aumentar el autocontrol. Aporta serenidad, concentración y claridad.

Contraindicaciones: No hacer este ejercicio si produce mareo, hiperventilación, dolor en el pecho o cualquier otra molestia.

Ujjayi o respiración victoriosa

Técnica: Nos sentamos con la espalda recta en una postura cómoda. Enfocamos la atención en la respiración.

Cerramos un poco la glotis; de esta forma generamos un sonido sutil en la garganta. Puede ayudarnos imaginar que respiramos por un agujerito que se encontraría en la parte baja de la garganta, a la altura de la clavícula.

Beneficios: Reduce el ritmo cardíaco y la presión sanguínea. Ayuda a eliminar toxinas y a que funcione mejor la tiroides. Nos mantiene concentradas en lo que estamos haciendo.

Contraindicaciones: No hacer este ejercicio si aparece alguna molestia al practicarlo.

Kapalabhati o respiración energizante

Técnica: Nos sentamos con la espalda recta en una postura cómoda. Prestamos atención a la respiración.

Al espirar contraemos los músculos abdominales de golpe, el diafragma se levanta y expulsamos todo el aire por la nariz con un sonido seco. Tras la espiración relajamos los músculos abdominales y la inspiración, silenciosa, tiene lugar de forma automática. La inspiración es más larga que la espiración.

Repetir entre diez y veinte veces con un ritmo constante entre una espiración y la siguiente.

Beneficios: Estimula todos los tejidos del cuerpo, aumenta el aporte de oxígeno, ayuda a eliminar toxinas de los pulmones y activa los órganos abdominales. Favorece el metabolismo al aumentar la temperatura corporal. Aclara la mente y mejora la concentración.

Contraindicaciones: No practicar este ejercicio si se padecen cardiopatías, tensión arterial alta o sensación de mareo; o si se tiene una enfermedad pulmonar, si se está embarazada o surge cualquier molestia al practicarlo.

Bhramari o respiración de la abeja

Técnica: Nos sentamos en una postura cómoda con la espalda recta. Prestamos atención a la respiración.

Nos tapamos los oídos con el dedo índice de cada mano, inspiramos, y al espirar, de forma suave, imitamos el sonido de las abejas. Percibimos el sonido en el paladar, mientras mantenemos los labios juntos y los dientes separados. Llevamos la atención a la vibración que se produce en nuestro interior.

Beneficios: Calma la mente y las emociones, relaja, ayuda a conciliar el sueño en caso de insomnio, reduce la presión sanguínea y favorece el estado meditativo.

Contraindicaciones: No hacer este ejercicio si aparece alguna molestia al practicarlo.

Nadi shodhana o respiración alterna

Técnica: Nos sentamos con la espalda recta en una postura cómoda. Prestamos atención a la respiración.

Utilizamos la mano derecha para realizar una pinza en la nariz: con el pulgar taparemos el orificio derecho y con el anular el izquierdo. Para empezar, colocamos solo los dedos índice y corazón en el entrecejo.

Tapamos el orificio derecho y espiramos por el orificio izquierdo; inspiramos por el izquierdo, mantenemos el aire unos segundos y espiramos por el derecho (mientras tapamos el orificio izquierdo); inspiramos por el derecho, mantenemos unos segundos y espiramos por el izquierdo; y así sucesivamente. En esta primera práctica, la duración de las inspiraciones y espiraciones debe ser la que sintamos como normal; solo tenemos que prestar atención al movimiento de los dedos pulgar y anular para tapar un orificio o el otro.

Si nos resulta cómodo, damos un paso más: inspiramos durante dos tiempos (contamos hasta dos), mantenemos el aire durante ocho tiempos (contamos del uno al ocho) y espiramos durante cuatro tiempos (contamos del uno al cuatro). Repetimos este ciclo varias veces, mientras nos sintamos cómodas. Terminamos espirando por el lado izquierdo.

Si estamos a gusto podemos aumentar el tiempo, conservando la proporción anterior: inspiramos contando hasta tres, mantenemos la respiración contando hasta doce y espiramos contando hasta seis; o inspiramos en cuatro tiempos, mantenemos la respiración en dieciséis y espiramos en ocho.

Beneficios: Calma la mente y el sistema nervioso, purifica la sangre, regula el ritmo cardíaco, reduce la ansiedad y el estrés e incita a la interiorización. Equilibra los hemisferios cerebrales.

Contraindicaciones: No realizar este ejercicio si se produce alguna molestia al practicarlo.

Pratyahara

A través de esta práctica tratamos de apartar los sentidos de las actividades cotidianas. Los sentidos nos sirven para interactuar con el mundo exterior, y a través de ellos conocemos nuestras metas en el día a día y las alcanzamos. Los sentidos pueden producir placer o incomodidad, y lo habitual es que se genere un fuerte apego a las sensaciones placenteras. La consecuencia es que nos dejamos llevar por estas, descuidamos otras actividades y alteramos nuestra conducta, además de quedarnos, a veces, exhaustas y confundidas. Si no generamos una disciplina y fortalecemos nuestra mente mediante la voluntad, podemos acabar siendo meras marionetas de nuestros deseos, que nos llevarán de un lugar a otro a su antojo. Si no somos capaces de guiar nuestros pensamientos volitivamente, la mente tenderá siempre a llevarnos a lo más fácil y placentero, sin atender a las consecuencias que pueda tener esto a la corta o a la larga.

Pratyahara consiste en liberar la mente del control de los sentidos, que siempre la dirigen hacia el exterior. Cuando la mente da la espalda a los objetos externos y se vacía de pensamientos, tomamos conciencia de nuestro yo íntimo, lo que somos, el que percibe, la autoconciencia. La relajación guiada puede ayudarnos a conseguir este objetivo.

Escaneo del cuerpo

Podemos hacer esta práctica sentadas o tumbadas, siempre en una postura en la que nos sintamos cómodas y tengamos la espalda recta. Cerramos los ojos, tomamos conciencia de la respiración, y después comenzamos a pasar la atención por varias partes del cuerpo; sentimos que se relajan y aflojan en el momento en que lo hacemos. Ponemos la atención en una determinada zona, como si la ilumináramos con una linterna. La visualizamos, sentimos que se relaja y pasamos a otra. Veamos ejemplos del orden que podemos seguir al aplicar la atención:

1. Pierna derecha, pierna izquierda, brazo derecho, brazo izquierdo, tronco y cabeza.
2. Parte derecha del cuerpo: dedo pulgar, índice, corazón, anular, meñique, palma, dorso de la mano, muñeca, antebrazo, codo, brazo, axila, hombro, costado derecho, cadera, muslo, rodilla, espinilla, tobillo, planta del pie, empeine, dedo gordo, segundo dedo, tercer dedo, cuarto dedo y quinto dedo. Repetimos la misma secuencia con el lado izquierdo.
3. Cráneo, mandíbulas, columna vertebral, costillas. Lado derecho: clavícula, húmero, cúbito, radio, falanges de las manos, fémur, tibia, peroné, falanges de los pies. Seguimos la misma secuencia con el lado izquierdo.
4. Paladar, encías, dientes, lengua, faringe, laringe, esófago, bronquios, corazón, estómago, intestino delgado, intestino grueso, riñones, hígado, ovarios y zona genital.

Puedes escuchar una práctica de escaneo del cuerpo en www. sumati.es/tu-relacion-con-la-comida-habla-de-ti

Relajación guiada. Práctica de yoga nidra

A través de la práctica del yoga nidra llevamos a cabo una relajación profunda y se reducen las necesidades de oxígeno, respiramos más despacio, ralentizamos los latidos del corazón y la tensión arterial, y se ven estimulados el aprendizaje, la memoria y la seguridad. Asimismo, disminuye la sensación de miedo y necesitamos dormir menos horas.

Se busca alcanzar un estado en el que estamos profundamente dormidas y a la vez somos conscientes, en el que las aversiones y los apegos son más débiles. Se accede a la mente latente o subconsciente y es posible purificar niveles profundos de la misma. Se examinan, atenúan y eliminan pensamientos, sensaciones, emociones e imágenes (impresiones mentales) que no son útiles correspondientes a experiencias pasadas.

El yoga nidra es más un estado que un método. Puedes escuchar una práctica en www.sumati.es/tu-relacion-con-la-comida-habla-de-ti

Visualización

La visualización guiada es muy útil cuando la persona es muy visual, ya que se crea una imagen mental para alcanzar un estado emocional deseado. Esta práctica relaja el cuerpo y mitiga el estrés; y nos ayuda a conseguir objetivos, mejorar las relaciones, sentirnos capaces, aumentar nuestra seguridad y autoestima, e incrementar la motivación para conseguir cambios.

Puedes escuchar una práctica de visualización en www.sumati.es/tu-relacion-con-la-comida-habla-de-ti.

Concentración

A través de la concentración buscamos desarrollar la voluntad de estar conscientes. El objeto de concentración puede ser la respiración (ver el apartado «*Pranayama*»), un mantra o un sonido, una imagen, un olor, una sensación..., lo que nosotras elijamos.

Escogemos un entorno agradable, en el que no haga mucho frío ni mucho calor, y en el que no puedan interrumpirnos. Adoptamos una postura en la que estemos cómodas, cerramos los ojos y hacemos unas cuantas respiraciones profundas y conscientes. La práctica de escaneo del cuerpo, que hemos visto en el apartado «*Pratyahara*», puede ayudarnos a relajarnos. Una vez conseguido un estado de tranquilidad, elegimos un objeto de concentración (la respiración, una sensación, un mantra, etc.) para poner allí toda nuestra atención, sin juicios y con total aceptación. El objeto en el que decidimos concentrarnos debe ser neutro –no debe mover nuestras emociones–, para que nos sea más sencillo mantener la atención en él con ecuanimidad.

La mente se alejará y volverá; pero con la práctica cada vez nos daremos cuenta antes de que se ha ido (de que estamos pensando en otra cosa), y así tardaremos cada vez menos en regresar al objeto de concentración. No debemos reprendernos por el hecho de habernos distraído; aceptamos lo ocurrido y nos limitamos a concentrarnos de nuevo. Al insistir una y otra vez, vamos fortaleciendo la mente con cada toma de conciencia, y poco a poco va aumentando nuestra capacidad de permanecer más tiempo concentradas.

Los objetos de concentración que, desde mi punto de vista, pueden resultar más útiles cuando empezamos a practicar son la respiración, distintos puntos del cuerpo y los mantras.

En cuanto a la respiración, podemos dedicarle toda nuestra atención en el contexto de alguna de las prácticas de *pranayama* expuestas anteriormente. Podemos elegir el tipo de *pranayama* según si queremos un efecto relajante (el *brahmari* es una posibilidad en este caso) o activador (en cuyo caso podemos optar por el *kapalabhati*, por ejemplo). O podemos, sencillamente, observar cómo entra y sale el aire por las fosas nasales, siendo conscientes de su temperatura, su densidad y la velocidad a la que pasa.

En cuanto a las partes del cuerpo como puntos de concentración, podemos llevar la atención a la punta de la nariz, al tercer ojo (entrecejo), al corazón, al ombligo o a cualquier otro lugar que elijamos.

Respecto a los mantras, podemos elegir un sonido y repetirlo, en voz alta o en nuestra mente. Los mantras tienen un efecto curativo y sanador en el organismo, aunque no entendamos el significado de las palabras. Tienen una vibración y una energía con las que podemos resonar y hacia las que podemos llevar la atención; y, sobre todo, tienen el poder de apaciguar la mente. Cuando terminamos de cantarlos podemos disfrutar del silencio que queda, que está lleno de resonancia y vibración.

A continuación comparto algunos mantras que me han ayudado y que están muy presentes en mi día a día:

Om

Es el sonido básico del universo. Al cantarlo nos convertimos en su vibración. Es el camino directo hacia una misma, hacia lo más trascendente. Es la primera manifestación del Absoluto.

Om Gam Ganapataye Namah

Significado: 'saludos al que ayuda a eliminar los obstáculos'.

Es un mantra que se canta a Ganesha (deidad con cabeza de elefante) con la intención de acabar con los obstáculos y promover la prosperidad y la fortuna en todos los ámbitos de la vida.

Om Tryambakam yayamahe
Sugandim Pusti Bardanam
Urvaru Kamir vuabardanam
Mritior Mukchia Mambretat

Este mantra nos ayuda a aceptar la muerte y a trascenderla. Puedes escucharlo en www.sumati.es/tu-relacion-con-la-comida-habla-de-ti.

Sea cual sea el objeto de concentración que elijamos (la respiración, puntos del cuerpo, mantras o cualquier otro), logramos entrenar la mente y focalizarla. Esto es imprescindible para vivir con más armonía y serenidad en este mundo en el que son tan importantes el movimiento, las redes sociales y la acción.

A través de la práctica del yoga y de la concentración adquirimos la capacidad de vivir con mayor conciencia y plenitud. El tiempo pasa más despacio y nuestro bienestar aumenta.

Concentración continua y *samadhi*

La concentración continua (meditación) y el *samadhi* llegan por sí mismos a partir de una práctica larga e intensa; no podemos forzarlos. Son los escalones séptimo y octavo del yoga de Patanjali.

En la concentración se observa un objeto externo o del ámbito del cuerpo, pero en la meditación se trata de percibir todo lo que nos rodea sin fijar la atención en nada concreto, lo cual nos remite a nuestra propia conciencia.

En *samadhi* nos hacemos conscientes de nuestra verdadera naturaleza. Es la más alta realización.

CAPÍTULO 13

El yoga de la alimentación

MINDFUL EATING O COMER CONSCIENTE

*M*indful eating, o comer consciente, significa prestar atención, voluntariamente, a los alimentos que estamos ingiriendo, procurando concentrarnos en el acto de comer
sin dejarnos llevar por pensamientos y emociones desagradables y
favoreciendo, así, una relación sana con la comida.

Cuando hablamos de estar aquí y ahora, nos referimos a estar
en lo que hacemos en este instante: si comemos, estamos atentos
a esta actividad, sin dejarnos llevar por las preocupaciones sobre
lo que pasó ayer o pueda pasar mañana; si hablamos con alguien,
le escuchamos, sin pensar previamente en lo que vamos a contestar. En la gran mayoría de los casos, hacemos o decimos una cosa
mientras pensamos en otra. Si desarrollamos la voluntad de estar
en el presente, en el aquí y ahora, disfrutaremos más de la vida y la
sensación de bienestar aumentará.

El *mindful eating* es estar en el aquí y ahora para dejar a un lado el pasado (que suscita culpa) y el futuro (que infunde miedos). Es un regalo que nos hacemos porque nos queremos y porque nos merecemos vivir una gran vida consciente llena de plenitud y felicidad.

La práctica del comer consciente nos ayuda a reducir los atracones, a ingerir la cantidad de comida suficiente para tener energía y vitalidad, a elegir alimentos que nos son útiles en nuestro día a día, a reducir la sensación de culpabilidad; también a reconocer el hambre real y nuestras sensaciones, pensamientos y actos.

De esta forma seremos capaces de distinguir los distintos tipos de hambre y sabremos si necesitamos comer para alimentarnos o si lo que pretendemos es llenar un vacío o hacer frente a una situación de estrés. Si logras anclar en ti este discernimiento, habré conseguido mi objetivo personal con este libro.

Cada vez se realizan más estudios científicos sobre los beneficios que tiene la práctica de la meditación. Hoy sabemos que se producen cambios en el organismo que afectan también a nuestro estado emocional y mental: se reducen el estrés y la ansiedad, aumenta la sensación general de bienestar, la concentración y la atención son mayores, se incrementa la velocidad a la que el cerebro procesa la información, el sistema inmunitario se refuerza, hay mayor estabilidad emocional, la creatividad se ve potenciada, se ralentiza el envejecimiento celular, se tiene mayor tolerancia al dolor y se retrasa el deterioro cognitivo debido a la edad.

> **La meditación reduce el estrés, fortalece el sistema inmunitario, aumenta la capacidad de concentración y la empatía, nos ayuda a conectarnos con los demás, aumenta la tolerancia al dolor, mejora la memoria y favorece los pensamientos positivos.**

Entre otros beneficios, la práctica del yoga nos ayuda a mejorar, y mucho, las digestiones. Según dicen los antiguos sabios yoguis, en un estado de conciencia elevado podríamos digerir piedras. De esto no estoy segura, la verdad, pero sí lo estoy de que podemos cambiar la calidad de los alimentos que ingerimos a través de comer más despacio, de escuchar los mensajes de saciedad del cuerpo y de aplicar el resto de técnicas que estamos viendo a lo largo de esta parte del libro.

La comida es mucho más de lo que normalmente pensamos o sentimos en relación con ella; por eso comemos rápido, sin darnos cuenta, o elegimos alimentos que no son buenos para nosotras en un momento dado. Como hemos visto en la segunda parte del libro, hay alimentos que sintonizan más con nosotras, y esto depende de muchos factores (la actividad que realizamos, la edad que tenemos, el clima, la cantidad de descanso, etc.). Tenemos la oportunidad de elegir en todas las ocasiones el alimento que más se adecue a nuestras necesidades. Es una pena que lo olvidemos y optemos por comestibles que nos quitan energía, fomentan el estrés y debilitan el sistema inmunitario.

CONECTO CON LOS ALIMENTOS

Para conectar con los alimentos de una forma distinta de la habitual, vamos a hacer un ejercicio en el que te propongo que elijas dos alimentos que tengas en casa cuya textura y color sean diferentes. Por ejemplo, un trozo de plátano y un trozo de zanahoria.

Colócalos encima de una tabla de cortar. Siéntate delante de ellos en una postura cómoda, con la espalda recta.

Cierra los ojos unos instantes y haz un par de respiraciones profundas. Pregúntate cuánta hambre tienes y respóndete según una escala del 0 al 10, en la que el 0 es la ausencia total de apetito y el 10 un apetito feroz.

Abre los ojos poco a poco y observa uno de los alimentos. Descríbelo para ti misma, primero sin tocarlo: su forma, su color, sus brillos... Después de un minuto, agárralo. Toma conciencia de su temperatura, su textura, acércatelo a la nariz... Observa cómo reacciona tu cuerpo; si hay más saliva en la boca, si varía la sensación de hambre... Cuando lo sientas, métete el alimento en la boca, sin masticarlo. Muévelo con la lengua, percibe cualquier sensación que aparezca. Tras uno o dos minutos, empieza a masticarlo tan despacio como puedas. Es posible que experimentes una explosión de sabores; dedícales toda tu atención.

Cuando sientas que es suficiente, traga con la mayor lentitud posible. Recuerda que cuando tragues el alimento dejarás de percibir su sabor. Visualiza cómo baja hasta tu estómago. Vuelve a preguntarte cuánta hambre tienes. ¿Ha cambiado el apetito con respecto a la primera vez que te hiciste la pregunta?

Repite el mismo proceso con el otro alimento. Lleva la atención, sobre todo, a lo que experimentes diferente en comparación con el primero.

Puedes escuchar esta práctica de comer consciente o *mindful eating* en www.sumati.es/tu-relacion-con-la-comida-habla-de-ti.

Tanto por agradecer...

Hasta que el alimento llega a nuestro plato ha sido influido por abundantes energías de la naturaleza y ha sido tratado por muchas personas. Su finalidad última va a ser procurarnos los nutrientes que nos van a dar la energía necesaria para vivir. Cierra los ojos, respira hondo y visualiza todas esas personas y fuerzas de la naturaleza que han hecho posible que el alimento haya llegado a tu plato y te haya dado la opción de nutrirte. Elige el último que hayas ingerido y ve hacia atrás en su vida.

Por ejemplo, lo último que he comido ha sido un plátano. Voy a imaginarme su posible historia.

- Personas que han interactuado con él: yo, que lo he comprado en la tienda; la persona que lo recibió y colocó en los cajones de la tienda; la persona que lo transportó hasta la tienda desde la empresa donde se vendió al por mayor; la persona que lo recibió y colocó en la tienda al por mayor; la persona que lo transportó hasta la tienda al por mayor desde la tierra del productor; la persona que lo recolectó de la planta; la persona que regó la planta o añadió tierra fértil alrededor de la misma para que ese plátano creciera con más fuerza; la persona que plantó la planta.

- Fuerzas de la naturaleza que han entrado en contacto con él: el esqueje de la planta; la planta que ha dado la vida a mi plátano; el agua de lluvia que ha absorbido la planta; los nutrientes de la tierra que la han alimentado; la tierra que la ha sujetado; el aire que ha entrado en contacto con ella y le ha permitido respirar; la luz del sol que ha madurado mi plátano.

Gracias a las fuerzas de la naturaleza y al cuidado humano, he podido comer una fruta que tiene estas virtudes nutricionales: es rica en minerales como el potasio, el magnesio, el calcio, etc.; es rica en vitaminas como la A, la C, la B_1, la B_2, la B_6, la B_9, etc.; y también es rica en hidratos de carbono, en fibra, en el aminoácido triptófano, etc.

El plátano nos aporta una energía rápida cuando nos baja el nivel de glucosa en sangre o cuando vamos a hacer deporte, nos ayuda a tener menos calambres en las extremidades, etc.

Si prestamos atención nos daremos cuenta de que detrás de un simple plátano hay todo un mundo que nos pasa desapercibido la gran mayoría de las veces que lo comemos. Tenemos infinitos factores por agradecer en relación con un plátano, desde todos los beneficios que nos aporta hasta todas las personas y fuerzas de la naturaleza que han acabado por hacer posible que llegue a nuestra boca.

El acto de mostrar agradecimiento antes de comer contribuye al *mindful eating*, activa el sistema nervioso parasimpático y nos induce relajación antes de ingerir el alimento, lo cual favorece la digestión.

> **¿Te animas a agradecer y a recibir el alimento desde una actitud diferente a la que, posiblemente, estás acostumbrada?**

¿CÓMO COMPRO?

Visualízate en el momento de hacer la compra. Cierra los ojos y piensa, durante unos instantes, en cómo realizas esta actividad.

Hacer la compra es esencial para nutrir nuestra despensa y ponernos en contacto con los alimentos cuando llega la hora de cocinar. Aquí tienes algunas sugerencias que pueden ayudarnos a que esta actividad sea más placentera:

- Llegar a la tienda con el estómago medio lleno por lo menos. Si llegamos con hambre, nos fijaremos en los alimentos ricos en grasa e hidratos de carbono refinados para satisfacer con urgencia el hambre que tenemos. Un truco puede ser, por ejemplo, comer una manzana antes de entrar a hacer la compra.
- Hacer una lista en casa para elegir, conscientemente, los alimentos que necesitamos y que queremos que estén en nuestra despensa.
- Conectarnos con los alimentos al elegirlos y valorar la calidad por encima de la cantidad si podemos permitírnoslo. Hay que escoger a conciencia los lugares en los que comprar: no todas las tiendas son iguales; la procedencia de los alimentos no es la misma en todas ellas.

- Disfrutar como si fuera la primera vez que vamos a hacer la compra; sentir la experiencia como una oportunidad de llenar nuestra despensa con alimentos vivos y nutritivos.
- Buscar la variedad de colores, sabores, aromas y nutrientes, en las frutas y verduras sobre todo. Nuestra vista lo agradecerá a la hora de cocinar, y también nuestro organismo, debido a la variedad de nutrientes que le ofreceremos.
- Conectar con una sensación constructiva cuando salimos de la tienda con los alimentos que hemos comprado. Personalmente, el momento de salir de la tienda ecológica con la caja de cartón reciclado que me han dado y en la que he colocado con cuidado cada alimento que he ido eligiendo por los pasillos me conecta con una sensación muy gratificante: la de estar cuidándome. ¡Me encanta esta sensación!
- Plantearnos cómo podemos nutrir nuestra esencia, nuestro ser, al hacer la compra; cómo podemos ser más nosotras por medio de esta actividad.

¿CÓMO COCINO?

Visualízate mientras cocinas. Cierra los ojos unos instantes: ¿cómo lo haces?

Vamos a buscar maneras de disfrutar el acto de cocinar como una experiencia maravillosa y de amor hacia nosotras. Aquí tienes algunas sugerencias:

- Vivirlo como una oportunidad de dar a nuestro cuerpo lo que necesita en ese momento.
- Si tenemos hambre, podemos comer una fruta antes de empezar a cocinar, para evitar picotear en el transcurso de esta actividad. Podemos organizarnos para no llegar hambrientas a ese momento. A modo de reto, podemos observar la forma en que reacciona nuestra mente ante la incomodidad que representa el hambre que nos acosa

mientras cocinamos; es muy interesante hacer esto, con actitud desapegada.

- Preguntarnos cómo estamos y qué necesitamos en ese momento. La respuesta nos orientará a la hora de elegir lo que vamos a cocinar.

- Conectarnos con la sensación de hambre física y diferenciarla de las hambres emocionales que puedan estar presentes (aburrimiento, soledad, culpa, búsqueda de chispa, etc.).

- Elegir lo que vamos a cocinar en función de cómo nos sentimos, del hambre que tenemos y de la combinación adecuada de los alimentos.

- Conectar con nuestro *hara*, ese espacio del que hablábamos al principio de la tercera parte del libro que constituye el vínculo con la energía femenina y con la nutrición física y emocional. Podemos colocar las manos, en forma de triángulo invertido, justo debajo del abdomen, cerrar los ojos y hacer varias respiraciones profundas a la vez que sentimos el poder que tenemos en ese punto y la sensación de equilibrio que nos aporta.

- Elegir el orden en el que vamos a cocinar. Lo recomendable es empezar con lo que deberá estar más tiempo al fuego o en el horno.

- Podemos optimizar sobre la marcha la forma en que nos organizamos. Puede ayudarnos, por ejemplo, limpiar los platos a la vez que vamos ensuciándolos, poner una música suave de fondo, respirar profundamente, estar en silencio... Optemos por todo aquello que sintamos nos aporta equilibrio al cocinar.

- Disfrutar del acto de preparar la comida, es decir, practicar el cocinARTE: crear, probar, inventar, permitir el vuelo de la imaginación.

- Si realmente estamos inmersas en el acto de cocinar, todo estará bien; los problemas y preocupaciones pueden esperar.

El hecho de preparar platos ricos, equilibrados y saludables es una de las cosas que más pueden nutrir nuestra alma en esos momentos. Prueba a sentir cómo se serena la mente cuando no existe nada más durante el tiempo en el que estás cocinando.

- Conectar con sensaciones positivas en el momento de cocinar. Personalmente, conecto con la oportunidad de generar salud para mí misma y las personas con las que voy a compartir esa comida. Es una manera de dar y recibir.
- Nuestra situación emocional se transmite al alimento. Por eso, no es recomendable cocinar ni comer si estamos enfadadas, preocupadas o angustiadas. Conviene que enfoquemos la atención en estas sensaciones, nos abramos a ellas, las observemos, las escuchemos y las gestionemos. También podemos llamar a alguien de confianza para compartir esas emociones, dar un paseo, hacer algo de ejercicio, escribir cómo nos sentimos o dibujar ese estado emocional. Cuando sintamos que estamos más tranquilas, podemos empezar a cocinar o comer. Reconocer, antes de ponernos a cocinar, que no es el mejor momento para hacerlo debido a nuestra situación emocional es un gran paso: quiere decir que estamos en una actitud autorreflexiva y que somos conscientes de cómo estamos y de lo que sentimos en ese momento; nos encontramos en un estado de escucha y aceptación.
- Plantearnos cómo podemos nutrir nuestra esencia, nuestro ser, al cocinar; cómo podemos ser más nosotras por medio de esta actividad.

¿CÓMO COMO?

Visualízate en el momento de comer. Cierra los ojos durante unos instantes y percibe desde dónde realizas esta actividad.

Igual que el momento de hacer la compra o el de cocinar, el de comer es una oportunidad de tomar conciencia, de ver qué le ofrecemos a nuestro cuerpo. Es el punto culminante del cuidado con el que hemos elegido los alimentos en la tienda y el amor con el que los hemos cocinado, y es el momento de valorar una vez más los nutrientes que contienen.

Aquí tienes algunas sugerencias para que la experiencia sea aún más mágica:

- Crear un ambiente en el que nos sintamos a gusto. Puede ayudarnos una vela, una música relajante, unas flores sobre la mesa...
- Comer sentadas.
- Comer cuando tenemos hambre; no forzar la ingesta si no tenemos apetito. Reconocer otros tipos de hambre que puedan estar presentes para no autoengañarnos.
- Conectar con las sensaciones físicas del hambre antes de empezar a comer: dónde lo sentimos, qué percibimos (debilidad, poca energía, dolor en el estómago..., lo que sea).
- Conectar con nuestras emociones y retrasar el momento de la comida si estamos eufóricas, enfadadas, preocupadas o alteradas de algún otro modo. Procede según lo indicado en el penúltimo punto del apartado anterior.
- Conectar con los alimentos, sentir que van a formar parte de nosotras y mandar amor a cada una de sus partículas.
- Cerrar los ojos, conectar con los alimentos que hay en el plato, agradecer y hacer varias respiraciones profundas antes de empezar a comer.
- El primer bocado es el más importante y marcará el resto de la comida. Procura que sea consciente, lento y reposado.
- Masticar y ensalivar bien los alimentos para facilitar la posterior digestión.
- Percibir con todos nuestros sentidos la textura, el sabor, el aroma y el color de los alimentos, así como el sonido que producen al masticarlos.

- Meter una nueva cucharada en la boca solamente cuando hayamos tragado la anterior.
- Dejar los cubiertos en la mesa o en el plato de vez en cuando y reposar, sentir, respirar.
- Comer con la mano izquierda, o con la derecha si somos zurdas, para prestar más atención.
- Conectar de vez en cuando con las sensaciones del estómago para percibir hasta qué punto nos sentimos llenas.
- Dejar de comer cuando percibamos que hemos comido suficiente, que no vamos a tener hambre en dos horas por lo menos. Nosotras sabemos mejor que nadie cuál es la cantidad de comida adecuada.
- Quedarnos tranquilas, al menos hasta media hora después de comer. Evitar tumbarnos completamente, para facilitar la digestión. Podemos llevar las manos al abdomen o ponernos calor en esa zona y sentir que la energía va hacia el estómago. Visualizar el sistema digestivo a pleno rendimiento; «ver» cómo absorbe los nutrientes que nos van a dar energía.
- Plantearnos cómo podemos nutrir nuestra esencia, nuestro ser, al comer; cómo podemos ser más nosotras por medio de esta actividad.

La autorreflexión que hemos descrito hasta aquí podemos aplicarla a todo aquello que realicemos a lo largo del día; es decir, podemos permanecer en el puesto de observadoras que no juzgan y limitarnos a tomar conciencia de cómo nos sentimos en cada momento.

Comer de forma inconsciente, sin poner en práctica las sugerencias expuestas, puede dar lugar a un malestar físico y emocional, y generar los inconvenientes que se enumeran en la tabla 8.

SÍNTOMAS DE COMER DE FORMA INCONSCIENTE	
Digestiones pesadas	Gases
Estreñimiento	Sensación de hinchazón
Ansiedad	Hambre emocional

Tabla 8.

Entre todas las sugerencias que hemos presentado, si tuviera que elegir tres como las más significativas serían las siguientes:

Respiración: La respiración profunda nos ayuda a alcalinizar el cuerpo y a contrarrestar los efectos negativos de los ácidos que podemos ingerir al tomar alimentos que tienen un pH muy ácido (azúcar, carnes, vinagres, alcohol, etc.). La respiración adecuada permite que el diafragma se mueva correctamente y ello, a su vez, es beneficioso para la circulación (tanto en la región torácica como en la abdominal) y la digestión. Además, una buena respiración nos ayuda a relajarnos y contribuye a activar el sistema nervioso parasimpático y a mejorar las secreciones y digestiones.

Agradecimiento: En síntesis, se trata de agradecer al alimento la energía que nos ofrece, a la naturaleza su generosidad, y a todas las personas implicadas el esfuerzo con el que contribuyeron a que esté en nuestro plato. Agradecer nos ayuda a relajarnos y contribuye a que el sistema nervioso parasimpático se active más y estimule las funciones del sistema digestivo, lo cual mejorará las digestiones, la peristalsis y la evacuación.

Bendiciones: Mandar amor al alimento es una forma hermosa de mandar amor hacia todo y sentir que lo que ofrece la naturaleza es divino. La divinidad se expresa como alimento, el cual es el resultado de la unión de muchas fuerzas: la semilla o esqueje; las distintas personas que se ocupan de la siembra o la plantación, el riego, la cosecha, el transporte, la venta al por mayor y al detalle; y, finalmente, la persona que cocina el alimento.

ELIJO LO QUE AMO Y LO QUE COMO

Cada vez que comemos tenemos la oportunidad de reequilibrar el organismo y fomentar nuestro estado de bienestar. Hay quien me dice que no tiene tiempo para meditar, aunque le encantaría. Si es tu caso, prueba a utilizar el momento de la comida para ello. El *mindful eating* (comer consciente) es una herramienta maravillosa para entrenar nuestra mente y reducir el hambre emocional, ya que nos ayuda a estar presentes y a conectar con nuestras señales de hambre y saciedad, además de contribuir a reducir las perturbaciones de la mente.

El objeto de concentración (aquel sobre el cual ponemos la atención) puede ser la textura del alimento, su sabor, las sensaciones corporales, el acto de masticar, etc. Permanece atenta al olor, o a la textura, o a las sensaciones de tu estómago. De repente te darás cuenta de que estás pensando en otra cosa. En cuanto tomes conciencia de que te has «ido» vuelve a ese olor, a esa textura, a esa sensación estomacal, y cuando te vuelvas a distraer y te des cuenta, regresa de nuevo a ello. Este es un magnífico entrenamiento para fortalecer la mente, para tomar las riendas y sentir que eres tú quien eliges lo que quieres pensar. Pregúntate:

> **¿Me es útil para ser más yo mi forma de comer? ¿Cómo elijo hacerlo?**

Conclusión y despedida

Cuanto más refinamos nuestras sensaciones, cuanto más percibimos, cuanto más elegimos y fortalecemos la mente volitivamente, más claras tenemos nuestras necesidades, más aumentan nuestra seguridad y autoestima, sabemos antes lo que queremos y lo que no, sabemos qué alimentos se convierten en luz al comerlos y con cuáles necesitamos hacer un gran trabajo para convertirlos en luz. Y no limitamos este enfoque consciente a la comida, sino que lo vamos haciendo extensivo al resto de actividades de nuestra vida. Así vamos viviendo con mayor conciencia y, por tanto, nos sentimos cada vez mejor.

A través de la práctica del yoga detectamos lo que no está en su lugar y buscamos la armonía en todo lo que hacemos, con todo lo que somos y en relación con las contradicciones presentes en nuestra vida y las contrariedades que aparezcan. Reflexionamos más, y los impulsos de cualquier tipo se reducen —por ejemplo, la facilidad de perder el control y darnos un atracón—. En cuanto a los impulsos incontrolables, desaparecen: hemos escuchado su mensaje y hemos cambiado de hábitos, de manera que ya no los necesitamos; ya no forman parte de nuestra vida.

Cada vez que comemos, tenemos la oportunidad de conectar con los cuatro elementos que nos componen:

- Con la tierra, a través del alimento que nos aporta estabilidad y nutrición.
- Con el agua, a través del amor y el cuidado que nos damos. Así, el acto de comer se convierte en una experiencia que nos purifica y limpia interiormente.
- Con el aire, a través de nuestra inteligencia y sabiduría interior, que se agranda con cada experiencia.
- Con el fuego, a través de nuestra energía y calor interior.

Cuanto más alimentamos estos elementos con actos que nos hacen mejorar como seres humanos y que nos hacen sentir seres de paz, cuanto más alimentamos las energías vibratorias y las partículas más sutiles que nos conforman, más entramos en sintonía con el mundo y el universo y más nos llenamos de buenos sentimientos hacia los demás y hacia nosotras mismas. Lo que comemos y cómo lo comemos puede ayudarnos a evolucionar o a involucionar.

Si optamos por evolucionar, elegimos comer lo que amamos; y vamos refinando los sentimientos y pensamientos a través de la comida y del resto de actos de nuestro día a día. Al alimentar con amor nuestra esencia, vamos dejando a un lado aquello que nos impedía gozar de armonía.

Me gusta pensar que cuando aprendemos algo nuevo, experimentamos sentimientos bellos, vemos paisajes hermosos o creamos algo mágico, aquello se queda en la eternidad. No solo se queda en nuestra retina o en nuestra mente, sino que traemos esa emoción, sentimiento o acción a un lugar común, y de esta manera favorecemos que otras personas puedan acceder a ello. Cuando me doy cuenta de algo de forma repentina, siento que es gracias a que alguien me ha acercado ese conocimiento por una vía que aún no conozco; y entonces doy las gracias.

También estoy agradecida en este instante por haber llegado al final del libro, y a ti por haberme dado la oportunidad de pasar juntas este tiempo. Doy las gracias por ser y por querer mejorar, porque lo más bello que tenemos los seres humano son las ganas de aprender y superarnos cada día, sintiendo que somos y existimos. Es una bendición ser conscientes de que formamos parte de este universo compartido y unificado en el que nuestra capacidad, la magia y el sentido profundo de todas las cosas no tienen límites. Y si existen los atracones y el hambre emocional es porque podemos superarlos, porque somos mucho más que ese instinto que a veces nos controla. Solo necesitamos escuchar y reconocer el porqué y el para qué de su existencia para saber el porqué y el para qué de la nuestra.

Gracias de corazón.

SUMATI

ANEXO 1

Lista de alimentos y cómo cocinarlos

CEREALES INTEGRALES EN GRANO

E s recomendable lavar todos los cereales cuando se vayan a añadir a la cazuela y poner la tapa al cocinarlos, además de un poquito de sal para ayudar a que sean más alcalinos.

Arroz integral: Es el cereal por excelencia, el más equilibrado y el que más ayuda a arrastrar los residuos del intestino. No tiene gluten. Se encuentra en grano corto (da más calor) o en grano largo (da más frescor); también en forma de basmati integral (un tipo de grano largo). Se cocina con el doble de agua más la mitad (dos vasos y medio de agua por un vaso de arroz, por ejemplo). En una cazuela normal tarda unos cuarenta minutos en cocerse; en una olla a presión, entre quince y treinta minutos (según el tipo de olla).

Quinoa: Es un pseudocereal; no tiene gluten y contiene más proteína que el resto de cereales. Se cocina con el doble de agua. En una cazuela normal tarda unos veinte minutos en hacerse. Es muy importante lavarlo para eliminar su contenido de saponina.

Mijo: Tampoco tiene gluten, y da mucho calor. Es muy recomendable en caso de diarrea. Se cocina con el doble de agua. En una cazuela normal, tarda alrededor de veinte minutos en cocerse.

Trigo sarraceno: Tampoco tiene gluten, y da mucho calor y una gran estabilidad. Es muy recomendable en otoño e invierno. Se cocina con el doble de agua. En una cazuela normal, tarda entre veinticinco y treinta minutos en estar listo.

Avena: Puede encontrarse con o sin gluten, da mucho calor y tiene un poquito más de grasa que el resto de cereales. Es muy recomendable para los adolescentes, las personas que trabajan mucho con la mente y las que están muy delgadas o tienden a tener mucho frío. Se cocina con el doble de agua más la mitad. En una cazuela normal tarda alrededor de treinta minutos en estar a punto.

Cebada: Tiene gluten, ayuda a depurar y enfría. Es muy recomendable cuando se quiere perder peso o hacer una depuración. Se cocina con el doble de agua más la mitad. En una cazuela normal tarda unos treinta minutos en cocerse.

PROTEÍNAS

Legumbres

Es recomendable poner en remojo las legumbres durante la noche con un trocito de alga *kombu* (3 cm) para ayudar a que se ablanden. Si de todas maneras nos producen gases, se pueden secar en una sartén sin aceite después de ponerlas en remojo, para que se caigan parte de las pieles que tienen, pues son estas las que pueden producirnos gases. Por supuesto, hay que retirar las pieles caídas.

El siguiente paso es cocer las legumbres, tapadas, con el alga *kombu*, agua y comino (que es bueno para los gases) durante una hora por lo menos. Durante los últimos diez minutos se puede añadir un poquito de sal y un sofrito de verduras (si ponemos la sal al principio, las legumbres quedarán más duras). También se puede incorporar un poquito de miso al final, cuando el fuego esté apagado y la mezcla haya dejado de hervir (disolver un par de cucharaditas en un vaso con parte del líquido de la legumbre y añadirlo).

Si seguimos teniendo gases a pesar de haber hecho todo lo anterior, nos conviene pasar las legumbres por el pasapuré, que eliminará toda su fibra.

Las legumbres pueden dar gases en estos casos:

- Cuando no están bien cocidas y quedan duras.
- Cuando las combinamos con otro tipo de legumbres en la misma comida, o cuando tomamos, de postre, fruta o algo que contenga azúcar (un comestible dulce, café con azúcar, etc.).
- Cuando no las masticamos y las tragamos rápidamente.
- Cuando nuestra microbiota está débil.
- Cuando ingerimos muchas legumbres de golpe sin estar acostumbradas.

Seitán

El seitán es conocido como *la carne vegetal*. Es el gluten, la proteína del trigo, por lo que las personas celíacas o con intolerancia al gluten no pueden tomarlo. Se puede cocinar a la plancha, en estofado, salteado con verduras, etc.

Tofu

El tofu es una proteína que proviene de la soja. No es recomendable abusar de él y, sobre todo, hay que evitar comerlo crudo, ya que tendríamos muchos gases. Es recomendable hervirlo durante quince minutos y después cocinarlo: puede hacerse a la plancha, en estofado, en salteado corto o largo, al horno, etc.

Tempeh

El *tempeh* es una proteína que proviene de la soja. No es recomendable abusar de él y, sobre todo, no hay que comerlo crudo, ya que nos daría muchos gases. Es preferible hervirlo durante quince minutos, como el tofu, y luego hacerlo a la plancha, en estofado, en salteado corto o largo, al horno, etc.

Pescado

El pescado se puede cocinar a la plancha, al horno, en estofado, al vapor, etc., con verduras y hierbas aromáticas.

VERDURAS

En el caso de las verduras es recomendable jugar con las texturas, las formas de cocinado y las formas de cortarlas, y experimentar con ellas. Una zanahoria o una judía verde pueden cocinarse de todas las formas que hemos visto en la segunda parte del libro. Nos interesa alternar unas verduras más cocinadas (zanahoria, calabaza, boniato, coles, cebolla, etc.) para generar dulzor en nuestros platos y otras menos cocinadas (apio, brócoli, rabanito, judía verde, etc.) para obtener vitaminas y clorofila.

GRASAS

Semillas

Es recomendable lavar y secar las semillas en una sartén, sin aceite, hasta que se hinchen un poquito. Así será más fácil digerirlas.

Frutos secos

Es recomendable tostar los frutos secos en la bandeja del horno, hasta que se doren un poco, para facilitar su digestión.

ALIMENTOS FERMENTADOS

Este tipo de comestibles nos ayudan a cuidar nuestra microbiota. Son alimentos como el miso (fermento de la soja), el *umeboshi* (ciruela fermentada), el tamari (fermento de la soja), el kéfir de agua o de leche (ver el anexo 4), el chucrut (col blanca fermentada de origen alemán), el *kimchi* (col fermentada de origen japonés, más picante y cortada en trozos más grandes que el chucrut), la *kombucha* (bebida fermentada a base de un té endulzado y un hongo; tiene sabor ácido), el *tempeh* (granos de soja o garbanzo fermentados) y el yogur natural. Es recomendable consumirlos habitualmente y en pequeñas cantidades. Hay que calentarlos, sin que lleguen a hervir, para activar las bacterias que contienen del fermentado. Conviene que no los compremos pasteurizados, porque entonces no tendrían el efecto deseado para la microbiota, aunque serían beneficiosos de todos modos para el pH del organismo, al ser muy alcalinos. Se pueden añadir a sopas, cremas, legumbres, aliños, patés, etc.

ALGAS

Existen distintos tipos de algas. En el caso de algunas de ellas (la *arame*, la *wakame* y la *dulse*) basta con ponerlas en remojo entre cinco y diez minutos para que se ablanden y estén listas para ser añadidas a ensaladas, verduras, cereales integrales o legumbres. Otras algas sí es recomendable cocerlas para que queden blandas; por ejemplo la *kombu* o la espagueti de mar, que debe hervir unos veinte minutos.

(*Fuente: elaboración propia*).

Formas de cocinado

Crudos: Es la modalidad que más enfría, expande y activa. Se pueden tomar crudas las frutas, las verduras, las semillas, los frutos secos, los aceites y ciertas algas.

Germinados: Poner las semillas (de alfalfa, brócoli, remolacha, etc.) en un tarro de cristal con agua que las cubra durante 6 horas, quitar el agua y tapar con una telita. Dos veces al día, añadir agua y vaciar, para generar una humedad que ayude a la germinación. La temperatura ideal es entre 20 y 25 °C. Según el tipo de semilla, empezará a germinar el segundo día o más adelante. Todas las semillas son aptas para este fin; las de verduras germinarán más rápido que las de cereales o legumbres. Las de legumbres (soja, lentejas, etc.) pueden producir gases. Los germinados enfrían y dispersan.

Macerado: Cortar verduras en trozos pequeños y añadir un poco de agua, además de alguno de estos ingredientes: miso, tamari, *umeboshi*, sal, ralladura de limón o naranja, durante una hora como mínimo. El macerado enfría y dispersa.

Prensado: Cortar verduras en rodajas finas y añadir un poco de sal. Colocar en un plato hondo, poner otro plato encima y varios libros, o algo que pese. Dejar al menos una hora. Comenzará a salir agua del alimento, que podremos retirar. Después, aliñar la verdura prensada con aceite, ralladura de limón, miso, tamari, etc. Cuanta más agua tenga la verdura, más eliminará, y más intenso será el efecto del prensado —más crujiente quedará el alimento—. El prensado enfría, y queda muy rico con pepino, rabanito, calabacín, cebolla, etc.

Fermentado corto: Cortar un tipo de verdura (col, cebolla, zanahoria, remolacha, etc.) en trozos pequeños o rodajas finas y llenar un tarro de cristal pequeño (del tamaño de los típicos de mermelada) con dicha verdura. Añadir una cucharada de sal y agua hasta arriba del bote. Meter en la nevera dos semanas. A partir de que haya transcurrido este tiempo, recomiendo tomar una cucharada sopera al día de esta verdura para cuidar la microbiota, ya que, al fermentar, sirve como probiótico.

Escaldado: Poner a hervir agua, sin tapa, y añadir la verdura cortada durante quince o veinte segundos. El escaldado, que refresca y activa, ayuda a eliminar el sabor picante de ciertas verduras, como el rabanito, la chirivía o el nabo.

Hervido: Poner a hervir agua, sin tapa, y añadir la verdura cortada durante tres o cuatro minutos con el fuego alto. Poner la verdura en el escurridor y pasar por debajo del agua fría para cortar la cocción y que no se pierdan vitaminas. Se puede hervir cualquier verdura: el brócoli, la judía verde, el apio, etc. Si son verduras redondas o de raíz (zanahoria, calabaza, boniato...) necesitan hervir más tiempo, hasta que estén blandas al pincharlas con un cuchillo (entre quince y veinte minutos). No es recomendable hervir los cereales integrales o las legumbres, porque este procedimiento, en el que no se tapa la olla, haría que quedasen duros y no se digiriesen correctamente. El hervido activa y refresca.

Salteado corto: Cortar las verduras en trozos pequeños o rodajas finas y saltear, sin tapa, durante cinco u ocho minutos con un poco de aceite y el fuego medio alto. Se pueden saltear verduras, legumbres o cereales integrales cocidos, el seitán, el tofu, el *tempeh* y el pescado. El salteado corto activa y calienta un poco.

Vapor: Cortar las verduras en trozos pequeños o medianos y colocarlas en un cesto de vapor para cocinarlas por este medio, con tapa, durante cinco o quince minutos, según la verdura. Se pueden cocinar al vapor la verdura, los germinados (sobre todo, si son de legumbres como la soja o las lentejas, para evitar que den gases) y el pescado. El vapor relaja y calienta un poco.

Plancha: Según el alimento, se cocinará a la plancha con una gotita de aceite, por ambos lados, durante cinco o siete minutos, sin tapa. Pueden hacerse a la plancha las verduras o el pescado. Este procedimiento activa y calienta ligeramente.

Frito: La diferencia entre la plancha y el frito es que este último se hace con más aceite. El efecto es calentador y activador.

Estofado: Cortar la verdura en trozos medianos y cocinar con un fondo de agua, y tapa, durante veinte o treinta minutos. El estofado calienta un poco y relaja.

Presión: Se recomienda la presión para los cereales y las legumbres, no para las verduras. Cocinar, con tapa, durante el tiempo necesario para cada alimento y según el tipo de olla a presión. Lo ideal es que no sean ollas de cocción muy rápida. El tiempo para los cereales integrales puede ir de los quince a los veinticinco minutos, y el de las legumbres de los veinticinco a los cuarenta y cinco minutos. La presión genera calor, centro y fuerza interior. En exceso, puede tensar.

Salteado largo: Cortar la verdura en trozos medianos y cocinarla a fuego lento, con un poquito de aceite y con tapa, durante veinticinco o treinta y cinco minutos. La diferencia con el estofado es que el salteado largo no lleva agua. Remover de vez en cuando para que no se pegue. Este procedimiento calienta y genera equilibrio.

Horno: El efecto del horno es calentar, contraer y secar. Se pueden hacer al horno las verduras, las proteínas vegetales y el pescado.

Barbacoa: El efecto de la barbacoa es calentar, contraer y tensar. Se pueden asar a la barbacoa las verduras, el seitán, el *tempeh*, el tofu, las hamburguesas de legumbres y el pescado.

Las formas de cocinado pueden combinarse entre ellas. Por ejemplo, primero puede procederse al escaldado y después a la plancha, o primero puede hervirse el alimento y a continuación freírlo.

(Fuente: elaboración propia sobre la base de los estilos de cocción de Montse Bradford).

ANEXO 3

Test yin y yang

FÍSICO YIN	FÍSICO YANG
❏ Alta	❏ Baja
❏ Delgada	❏ Tendencia a ganar peso
❏ Ojos pequeños	❏ Ojos grandes
❏ Huesos estrechos	❏ Huesos anchos
❏ Palma de la mano alargada	❏ Palma de la mano cuadrada
❏ Cara alargada	❏ Cara redondeada
❏ Tendencia a tener frío	❏ Tendencia a tener calor
❏ Tendencia a infecciones, catarros...	❏ Tendencia a retener líquidos
❏ Problemas de cistitis, cándida...	❏ Problemas de colesterol, tensión arterial alta...
❏ Necesitas dormir más de ocho horas	❏ Necesitas dormir menos de siete u ocho horas
❏ Tendencia a tener la piel seca	❏ Tendencia a tener la piel grasa
❏ Tendencia a la caída del pelo	❏ Tendencia a tener un pelo fuerte
❏ Menstruación cada más de veintiocho días	❏ Menstruación cada menos de veintiocho días
TOTAL	TOTAL

MENTAL YIN	MENTAL YANG
❒ Idealista	❒ Práctica
❒ Te gusta trabajar con la mente	❒ Te gusta trabajar con las manos
❒ Quisquillosa	❒ Tranquila
❒ Tendencia a tener dudas	❒ Tendencia a ser decidida
❒ Tendencia a un pensamiento lento	❒ Tendencia a la agilidad mental
❒ Reflexiva	❒ Impulsiva
TOTAL	TOTAL

EMOCIONAL YIN	EMOCIONAL YANG
❒ Tendencia a estar triste	❒ Tendencia a enfadarte
❒ Tendencia a tener muchos miedos	❒ Tendencia a tener mucha ira
❒ Tendencia a sentirte víctima	❒ Tendencia a proteger a los demás
❒ Tendencia a sentir poca energía vital	❒ Tendencia a sentir un exceso de energía vital
❒ Tendencia a ser introvertida	❒ Tendencia a ser extrovertida
❒ Poca energía sexual	❒ Mucha energía sexual
TOTAL	TOTAL

(Fuente: elaboración propia sobre la base del «Test yin & yang» de Montse Bradford).

Marca con una X aquello con lo que te identifiques. Cuenta la cantidad de X que hayas puesto en los apartados físico, mental y emocional, y sabrás qué tipo de constitución tienes o en qué condición te encuentras en este momento (yin o yang).

ANEXO 4

Recetas

L as recetas que aquí comparto son sencillas, para el día a día. Pueden resultar útiles a la hora de planificar los menús semanales. Las cantidades son para tres o cuatro personas.

Para cocinar de forma sencilla un cereal integral solamente (arroz integral, cebada, quinoa...) o una legumbre (azukis, lentejas...) u otra proteína vegetal (seitán, *tempeh* o tofu) puedes ir al anexo 1. En las siguientes recetas se combinan verduras con proteínas o cereales integrales.

CS: cucharada sopera.

CP: cucharadita de postre.

CREMA DE CALABAZA CON SEMILLAS

Ingredientes

1 cebolla cortada en trocitos

½ calabaza cortada en trozos pequeños

1 CS de semillas de girasol y calabaza

1 CS de aceite

1 pizca de sal

Preparación

Rehogar la cebolla con una CS de aceite y una pizca de sal, sin tapa, durante diez minutos.

Añadir la calabaza y una cantidad de agua que cubra la verdura. Cocinar, con tapa, hasta que esté blanda.

Triturar, añadir un poco de bebida de arroz (opcional) o un poco de agua si fuera necesario, y servir con las semillas por encima.

> *Esta crema se puede hacer de la misma manera con calabacín, con zanahoria, con champiñones, con boniato o con la verdura que se quiera.*

SOPA DE MISO

Ingredientes

1 cebolla cortada en cuadraditos

2 zanahorias cortadas en juliana

½ taza de champiñones cortados en trocitos

½ rama de apio

1 pizca de sal

1 CS de aceite

2 CS de miso

2 CS de alga *wakame*

1 ramita de perejil picado

Preparación

Rehogar la cebolla con una CS de aceite y una pizca de sal, sin tapa, durante diez minutos.

Añadir las zanahorias, el alga y cuatro vasos de agua. Cocer, con tapa, durante cinco minutos desde que empiece a hervir.
Incorporar los champiñones y el apio. Cocer, con tapa, cinco minutos más.
Apagar el fuego, disolver el miso en un vaso con tres cucharadas del líquido de la sopa y añadirlo a esta. Dejar reposar tres minutos y servir con perejil picado por encima.

> *A esta sopa se le pueden añadir unas legumbres (garbanzos, lentejas, azukis o alubias), unos trocitos de seitán o tofu, un poquito de cereal integral (quinoa, arroz integral, etc.) o cualquier otra verdura que nos guste. Queda muy rica, también, si se le añade media cucharadita de pasta de umeboshi (disolverla junto con el miso antes de incorporarla).*

CALDO DE MISO

Ingredientes

½ CP de miso
1 vaso de agua caliente

Preparación

Disolver el miso en el agua caliente, dejar reposar dos minutos y beber.

CREMA DE COLIFLOR

Ingredientes

1 cebolla cortada en juliana
½ coliflor cortada en trozos
    pequeños

1 boniato pequeño cortado en
    trozos pequeños
1 pizca de sal
1 CP de cúrcuma

| 2 CS de aceite de oliva | Nuez moscada al gusto |
| 1 hoja de laurel | Bebida de arroz al gusto |

Preparación

Rehogar la cebolla con el aceite, una pizca de sal y el laurel durante diez minutos, sin tapa.

Añadir la coliflor, el boniato, la nuez moscada, la cúrcuma y agua que cubra la verdura hasta la mitad. Cocinar hasta que la coliflor esté bien blanda.

Triturar con la batidora y añadir bebida de arroz hasta conseguir la textura deseada.

CREMA DE AVENA CON KÉFIR AL LIMÓN

Ingredientes

1 vaso de avena en grano lavada	1 pizca de sal
Pasas	Ralladura de un limón
1 pizca de canela	Kéfir de leche
4 vasos de agua	Sirope de agave

Preparación

Cocinar la avena con una pizca de sal y el agua, con tapa, hasta que se evapore toda el agua. Dejar enfriar, reservar y guardar en la nevera.

Para el desayuno: servir la cantidad deseada y añadir kéfir de leche al gusto, sirope de agave al gusto y la ralladura de limón.

> *Esta crema también puede hacerse con otro cereal: quinoa y mijo, cebada, arroz integral, etc.*

GRANOLA

Ingredientes

½ kg de avena en copos

Canela

Coco rallado

Semillas de girasol

Semillas de calabaza

Pasas

Almendras laminadas

Sirope de agave

Preparación

Mezclar los copos con el resto de ingredientes al gusto y poner sobre la bandeja del horno.

Tostar a 170 °C durante quince o veinte minutos. Dejar enfriar, reservar y guardar.

Por la mañana: servir la cantidad deseada con bebida de arroz, de avena o de quinoa. Se puede tomar también con kéfir de leche.

ESTOFADO DE ZANAHORIA, BONIATO Y SEITÁN

Ingredientes

1 puerro cortado en trozos pequeños

3 zanahorias cortadas en cuadraditos

1 paquete de seitán cortado en trozos pequeños

1 boniato cortado en cuadraditos

Unas gotas de tamari

1 pizca de sal

2 CS de aceite

Preparación

Hacer a la plancha los trozos de seitán con una CS de aceite. Reservar.

Rehogar el puerro con una CS de aceite y una pizca de sal, sin tapa, durante diez minutos.

Añadir las zanahorias, el boniato y el seitán, un fondo de agua y unas gotas de tamari. Cocinar, con tapa, durante veinticinco minutos o hasta que se evapore toda el agua. Servir.

ESTOFADO DE AZUKIS CON *KOMBU*

Ingredientes

2 vasos de azukis ecológicos y cocidos	1 hoja de laurel
1 trozo de alga *kombu*	Comino
1 cebolla cortada en cuadraditos	Sal
2 zanahorias cortadas en trozos pequeños	2 CS de aceite de oliva
	2 CS de miso

Preparación

Rehogar la cebolla durante 10 minutos con el laurel y una pizca de sal. Añadir las zanahorias, los azukis, el alga, el comino al gusto y agua que cubra una tercera parte de los alimentos. Cocinar con tapa durante cuarenta minutos.

Deshacer el miso en un vaso con un poco del líquido del estofado, y añadirlo una vez que el fuego esté apagado y haya dejado de hervir.

> *Se puede hacer también sin haber cocido los azukis. En este caso, poner en remojo toda la noche los azukis con el alga* kombu, *y después cocerlos, con tapa, durante 1 hora por lo menos con el agua, el alga y el comino.*
>
> *Se puede hacer la misma receta con cualquier otro tipo de legumbre.*
>
> *Se puede añadir, además, cualquier cereal integral (arroz integral, quinoa, etc.) para conseguir una buena proteína con la combinación.*

PASTEL DE LENTEJAS

Ingredientes

1 bote de lentejas ecológicas cocidas y lavadas	1 CP de alga *arame*
1 puerro cortado en trozos pequeños	Comino al gusto
	1 CS de aceite
2 zanahorias cortadas en cuadraditos	2 CS de miso
	1 pizca de sal
1 taza de champiñones cortados en trocitos	Comino
	Perejil fresco picado
½ boniato cortado en cuadraditos	Semillas de calabaza

Preparación

Triturar las lentejas con el miso hasta que quede una masa espesa. Reservar.

Rehogar el puerro con una CS de aceite durante diez minutos, sin tapa. Añadir el resto de verduras, el alga *arame*, comino al gusto y agua que cubra el fondo. Cocinar, con tapa, hasta que la verdura esté blanda.

Mezclar la pasta de lentejas con la verdura.

Pincelar con aceite una bandeja de horno y añadir la mezcla. Poner semillas de calabaza por encima.

Asar durante treinta minutos a 180 °C. Decorar con perejil picado por encima y servir.

> *Este pastel también se puede hacer sin haber cocido las lentejas. En este caso, poner en remojo toda la noche las lentejas con el alga kombu, y después cocerlas, con tapa, durante al menos 1 hora con el agua, el alga y el comino.*

BOLITAS DE GARBANZOS CON SALSA DE ZANAHORIA

Ingredientes

1 bote de garbanzos ecológicos
cocidos y lavados

1 trocito de alga *dulse*

Comino al gusto

Perejil al gusto

1 CP de miso

1 tomate cortado en trozos
pequeños

Salsa

1 cebolla cortada en juliana

3 zanahorias cortadas en rodajas
finas

2 rodajas finas de remolacha
cruda

Orégano

1 CS de crema de almendras

1 CS de aceite de oliva

1 pizca de sal

Preparación

Bolitas: Triturar los garbanzos, el alga *dulse*, los trozos de tomate, el miso, el comino y el perejil. Añadir una pizca de agua si fuera necesario. Hacer las bolitas de garbanzos con las manos y colocarlas sobre una fuente.

Salsa: Rehogar la cebolla durante diez minutos con una pizca de sal y una CS de aceite de oliva. Añadir la zanahoria, un fondo de agua y la remolacha hasta conseguir una textura muy blanda. Mezclar una cucharada de crema de almendras y triturar. Servir por encima de las bolitas. Meter en el horno para calentar si fuera necesario.

> *Este plato también puede hacerse sin haber cocido los garbanzos. En este caso, ponerlos en remojo toda la noche con el alga* dulse, *y después cocerlos, con tapa, durante 1 hora por lo menos con el agua, el alga y el comino.*

HUMUS

Ingredientes

1 bote de garbanzos ecológicos cocidos	Comino al gusto
	Zumo de medio limón
3 CS de aceite	1 diente de ajo
2 CS de tahini (crema de	1 CS de miso
sésamo)	2 CS de agua

Preparación

Triturar todos los ingredientes. Si queda muy espeso, añadir un poquito más de agua. Y servir con pan integral o *crudités* de verduras (zanahoria, apio, pepino, endibia...).

> *El humus también se puede hacer sin haber cocido los garbanzos. En este caso, ponerlos en remojo toda la noche, y después cocerlos, con tapa, durante al menos 1 hora con el agua y el comino.*

PATÉ DE REMOLACHA

Ingredientes

2 remolachas hervidas	1 CP de miso
1 CP de crema de cacahuete o	Unas gotas de zumo de limón
crema de anacardo	

Preparación

Triturar todos los ingredientes con la batidora y servir con pan integral o *crudités* de verduras (zanahoria, apio, pepino, endibias...).

> *Si no tienes crema de frutos secos (cacahuete o anacardos), puedes añadir una CS de aceite y 5 anacardos o cacahuetes triturados.*

GUACAMOLE

Ingredientes

1 aguacate maduro	Cilantro fresco al gusto
1 CP de *umeboshi*	1 CS de aceite de oliva
Unas gotas de zumo de limón	

Preparación

Triturar todos los ingredientes con la batidora y servir con pan integral o *crudités* de verduras (zanahoria, apio, pepino, endibia...).

PATÉ DE ACEITUNA

Ingredientes

½ paquete de tofu	1 pizca de tomillo
½ taza de aceitunas negras	1 puntita de mostaza
1 CP de alcaparras	Unas gotas de zumo de naranja
1 CP de miso	o limón
1 CS de aceite de oliva	

Preparación

Triturar todos los ingredientes con la batidora y servir con pan integral o *crudités* de verduras (zanahoria, apio, pepino, endibia...).

VERDURAS FERMENTADAS

Ingredientes

Zanahorias cortadas en trocitos hasta llenar un tarro de cristal pequeño	1 CS de sal
	Agua

Preparación

Meter las zanahorias en el tarro de cristal con una CS de sal y agua suficiente para llenar el tarro. Cerrar y guardar en la nevera durante dos semanas.

A las dos semanas abrir y tomar dos o tres trozos (una CS aproximadamente) cada día. La textura debería ser crujiente y el sabor salado.

CUSCÚS INTEGRAL

Ingredientes

1 vaso de cuscús integral	1 CS de tahini
1 vaso de agua caliente	Gomasio

Preparación

Disolver el tahini y gomasio en el agua caliente. Mezclar con el cuscús y esperar a que se absorba toda el agua. Servir.

ENSALADA DE CEBADA A LA NARANJA

Ingredientes

1 vaso de cebada hervida	1 pepino cortado en cuadraditos
1 puñado de germinados	

Aliño

1 CS de miso	1 CS de jugo concentrado de
Ralladura de una naranja	manzana
2 CS de aceite de oliva	

Preparación

Aliño: Mezclar todos los ingredientes.

Ensalada: Mezclar la cebada, los germinados y el pepino. Servir con el aliño.

ENSALADA DE RÚCULA, CANÓNIGOS Y FERMENTADOS

Ingredientes

1 puñado de rúcula

1 puñado de canónigos

Semillas de girasol

Semillas de calabaza

1 puñado de trocitos de
zanahoria fermentados (ver
la receta de las verduras
fermentadas)

Aliño

1 CS de jengibre rallado

2 CS de aceite de oliva

1 CS de tamari

Unas gotitas de limón

Preparación

Mezclar el aliño y reservar.

Lavar la rúcula y los canónigos, mezclar con las semillas y servir con el aliño por encima.

BRÓCOLI CON *ARAME* Y SALSA DE HINOJO

Ingredientes

Brócoli cortado en trozos
pequeños

2 CS de alga *arame*

Salsa

½ hinojo cortado en trocitos

1 cebolla cortada en juliana

Sal

1 CS de aceite

Bebida de arroz

Pimienta negra al gusto

Preparación

Poner en remojo el alga *arame* durante cinco minutos y reservar. Hervir el brócoli durante 3 minutos y pasar por debajo del agua fría para cortar la cocción.

Salsa: Rehogar la cebolla con una CS de aceite y una pizca de sal durante diez minutos. Añadir el hinojo y un fondo de agua, y cocinar, con tapa, hasta que el hinojo esté blando. Triturar, añadir la pimienta al gusto y la bebida de arroz hasta conseguir la textura deseada.

ENSALADA DE ESPÁRRAGOS, *DULSE* Y CACAHUETE

Ingredientes

Lechugas variadas

1 puñado de espárragos verdes

2 CS de alga *dulse*

Aliño

2 CS de aceite de oliva

1 CP de crema de cacahuete

Zumo de medio limón

1 CS de agua

1 CP de *umeboshi*

1 CP de jugo concentrado de manzana

Preparación

Lavar las lechugas y reservar. Poner el alga *dulse* en remojo durante cinco minutos y reservar.

Cortar los espárragos en trocitos y saltear con una CP de aceite hasta que estén blanditos. Mezclar los ingredientes del aliño.

Servir las lechugas con el alga *dulse* en trocitos, los espárragos y el aliño por encima.

WOK DE VERDURAS CON QUINOA

Ingredientes

1 vaso de quinoa lavada

1 cebolla cortada en cuadraditos

Brócoli cortado en trozos pequeños

1 rama de apio cortada en trozos pequeños

2 zanahorias cortadas en rodajas

1 puñado de setas o champiñones

1 pizca de sal

1 CS de aceite

Semillas de girasol

Unas gotas de tamari

Preparación

Cocinar la quinoa con dos vasos de agua y una pizca de sal, con tapa, hasta que se evapore toda el agua. Reservar.

Rehogar la cebolla con una pizca de sal y una CS de aceite durante diez minutos sin tapa.

Añadir el resto de ingredientes y cocinar durante cinco minutos, sin tapa, removiendo de vez en cuando. Añadir unas gotas de tamari, las semillas de girasol y servir.

Esta receta se puede hacer también con trigo sarraceno o con arroz integral y con cualquier otro tipo de verduras que elijamos.

WOK DE ZANAHORIA, APIO Y COL

Ingredientes

3 zanahorias cortadas en rodajas pequeñas

1 rama de apio cortado en cuadraditos

½ puerro cortado en trozos pequeños

1/4 de col cortado en trozos pequeños

Tamari

Jengibre rallado al gusto

Preparación

Rehogar el puerro con una pizca de sal durante diez minutos, sin tapa. Añadir las zanahorias, el apio y la col, y cocinar durante siete o diez minutos más. Añadir unas gotas de tamari y jengibre rallado al gusto.

CALABAZA ORIENTAL

Ingredientes

½ calabaza cortada en trozos
pequeños

Aliño

2 CS de aceite   Gomasio al gusto
1 CS de agua   Unas gotas de limón
Semillas de tres cardamomos

Preparación

Hervir la calabaza hasta que esté bien blanda y servirla en una fuente.

Mezclar el aliño y ponerlo por encima de la calabaza.

BONIATO A LA CANELA

Ingredientes

1 boniato cortado en rodajas   Canela al gusto
1 CS de aceite de oliva

Preparación

Hacer el boniato al vapor y pasarlo por la sartén con una pizca de aceite, por los dos lados. Servir con canela al gusto por encima.

BOLITAS DE MIJO Y CREMA DE CASTAÑAS

Ingredientes

1 cebolla cortada en cuadraditos

2 zanahorias cortadas en cuadraditos

1 vaso de mijo

1 trocito de alga *dulse*

1 taza de castañas pilongas remojadas 2 horas

1 boniato cortado en rodajas

1 CS de jugo concentrado de manzana

1 pizca de canela

1 pizca de sal

1 pizca de cúrcuma

1 CS de aceite

Preparación

Cocinar el mijo con el doble de agua, una pizca de sal y la puntita de una CP de cúrcuma, con tapa, hasta que se evapore toda el agua. Reservar.

Rehogar la cebolla con una pizca de sal, sin tapa, durante diez minutos. Añadir las zanahorias y guisar, con tapa, quince minutos más. Mezclar con el mijo y formar bolitas con la mano.

Crema de castañas: Hervir las castañas, el alga *dulse* y el boniato hasta que estén blandos. Deshacer el boniato con el tenedor y mezclar con las castañas, el alga, una CS de aceite, dos CS de agua, canela al gusto, una pizca de sal y una CS de jugo concentrado de manzana. Triturar y añadir agua si fuera necesario.

Servir las bolitas de mijo con la crema por encima.

ENSALADA DE COLORES CON *WAKAME*

Ingredientes

1 trocito de alga *wakame*

1 puñado de brócoli

1 puñado de judías verdes

1 puñado de rabanitos cortados por la mitad

2 CS de aceite de oliva

1 CS de tamari

Unas gotas de zumo de limón
1 CP de jugo concentrado de
manzana

1 puñadito de pasas y/o semillas
de girasol y/o almendras
Vinagre de *umeboshi*

Preparación
Poner el alga *wakame* en remojo durante diez minutos.
Hervir el brócoli y la judía verde durante tres minutos. Pasar
por debajo del agua fría para cortar la cocción.
Escaldar los rabanitos. Colocar un poco de vinagre de *umeboshi*
en un plato, y poner los rabanitos con la parte roja en contacto con
el vinagre para que no pierdan el color rojo que tienen.
Mezclar en una fuente el brócoli, las judías verdes, los rabanitos y el alga *wakame*.
Mezclar el aceite de oliva, el tamari, una CS de jengibre rallado, ralladura de una naranja, el jugo concentrado de manzana, la
mezcla de pasas, semillas de girasol y almendras (si has optado por
las tres) y una CS de agua. Servir el aliño por encima de la ensalada.

BRÓCOLI AL TOMILLO

Ingredientes
1 puñado de brócoli cortado en
trocitos
1 CS de crema de almendras
Tomillo seco al gusto

1 CS de agua
Unas gotas de zumo de limón
1 CP de miso

Preparación
Hervir el brócoli durante tres minutos. Pasar por debajo del
agua fría para cortar la cocción.
Mezclar la crema de almendras con el tomillo, el limón, el agua
y el miso. Servir por encima del brócoli.

VERDURAS AL ORÉGANO

Ingredientes

1 cebolla cortada en rodajas

½ boniato cortado en rodajas

1 calabacín cortado en rodajas

1 tomate cortado en rodajas

1 zanahoria cortada en rodajas

(y más verduras si se quiere)

Orégano

Aceite

Sal al gusto

Preparación

Colocar todas las verduras sobre la bandeja del horno y poner un chorrito de aceite por encima, el orégano y la sal. Mezclar bien. Asar a 180 °C durante treinta minutos, o hasta que las verduras estén blandas.

TORTITA DE ARROZ CON TAHINI Y TROCITOS DE APIO O ZANAHORIA

Ingredientes

1 tortita de arroz

1 CP de tahini

Gomasio

Apio o zanahoria cortados en

trocitos

Preparación

Untar el tahini en la tortita, poner gomasio al gusto y trocitos de apio o zanahoria por encima.

MANZANA ASADA CON *AMASAKE*

Ingredientes

4 manzanas

1 pizca de sal

Un poco de canela

Amasake o sirope de agave al

gusto

Preparación

Lavar las manzanas, cortarles el rabito y hacer un pequeño agujerito en la parte superior para añadir una pizca de sal, canela y una CP de *amasake* o sirope de agave.

Asar las manzanas durante cuarenta y cinco minutos a 170 °C en el horno.

BATIDO DE NARANJA, APIO Y PLÁTANO

Ingredientes

Zumo de dos naranjas

1 rama de apio

1 plátano

1 rodaja de jengibre

1 CS de polen

Preparación

Batir con la batidora y servir.

Se puede añadir un poco de kéfir de agua.

BATIDO DE SANDÍA Y RÚCULA

Ingredientes

2 rodajas de sandía

1 puñado de rúcula

1 pizca de perejil

Preparación

Batir con la batidora y servir.

Se puede añadir un poco de kéfir de agua.

BATIDO DE NARANJA, GRANADA, PEPINO Y REMOLACHA

Ingredientes

Zumo de dos naranjas   ½ pepino

½ granada   2 rodajitas de remolacha

Preparación

Batir con la batidora y servir.

Se puede añadir un poco de kéfir de agua.

INFUSIÓN DE SALVIA O MALVA CON *KUZU* O *UMEBOSHI*

Ingredientes

1 CS de salvia o malva   1 vaso de agua

1 CP de *kuzu* o *umeboshi*

Preparación

Calentar el agua en un cazo, añadir el *kuzu* y dejar que espese ligeramente. Apagar el fuego, añadir la salvia o la malva, y dejar reposar durante cinco minutos. Servir.

Si se hace con umeboshi, *el agua no tiene que llegar a hervir. Disolver media CP en el agua muy caliente, añadir la salvia o la malva, y dejar reposar cinco minutos. Servir.*

BEBIDA DE *AMASAKE* CON ALGARROBA

Ingredientes

½ vaso de agua   ½ CP de harina de algarroba

½ vaso de *amasake*   Sirope de agave al gusto

Preparación

Cocinar el agua con el *amasake* y la algarroba durante cinco minutos. Añadir el sirope de agave al gusto y servir.

KÉFIR DE AGUA

Ingredientes

Nódulos de kéfir de agua	½ limón
Agua sin cloro	1 trapito
Azúcar moreno (panela, melaza,	1 goma para sujetar el trapito
sirope de agave...)	1 colador de tela
1 higo (o un puñado de pasas o	1 jarra de cristal
un par de orejones)	1 cuchara de madera

Preparación

Meter los nódulos de kéfir (tres CS) en una jarra de cristal, añadir el medio limón, el higo/pasas/orejones, un litro de agua y cuatro CS de azúcar moreno o panela.

Tapar con un trapito, y una goma que lo sujete, y dejarlo en un lugar sin mucha luz.

Se recomienda beber a las veinticuatro horas si queremos un efecto laxante, a las cuarenta y ocho horas si queremos equilibrar la microbiota y a las setenta y dos horas si queremos un efecto astringente.

Colar el agua para beber. Se puede exprimir el líquido del limón e incorporarlo para que el kéfir esté más rico. Tirar las pasas/higo/orejones; los nódulos de kéfir se pueden reutilizar.

KÉFIR DE LECHE

Ingredientes

3/4 de litro de leche (cuanto más   1 jarra de cristal
  fresca mejor)   1 colador de tela
150 g de nódulos de kéfir   1 cuchara de madera

Preparación

Mezclar la leche a temperatura ambiente con los nódulos de kéfir y dejar reposar entre veinticuatro y treinta y seis horas; se puede añadir más leche si queremos que quede más claro. Colar y separar los nódulos de kéfir, que pueden utilizarse de nuevo.

)*Fuente: elaboración propia*).

Agradecimientos

A mi padre, por su apoyo incondicional, sabiduría y ejemplo. Gracias por impulsarme en esta aventura y por el tiempo dedicado a este libro.

A Eladio, por sonreírme cada mañana, apoyarme cada día, escucharme y amarme tanto. Gracias también por tus poemas y el tiempo dedicado a este libro.

A mi madre y mis hermanas, por su apoyo, espíritu positivo, ejemplo, fuerza y empuje.

A todo el equipo editorial de Sirio: Gracia, Giovanna, Francesc..., por confiar en mí, creer en el proyecto y hacer que vea la luz.

A mi tío Manuel, por ser tan fuerte y luchar para sanarse. ¡Tú puedes!

A Fany, Patri y Stefano, por compartir la vida en La Casa Naranja, donde empecé a escribir este libro y me introduje en la música.

A Fer, por los momentos de *coworking*, apoyo y entrega a este proyecto.

A Lobolopezz, por las fotos de las asanas que están en la web y que complementan este libro.

A ViralVideo, por los vídeos de las posturas y las meditaciones que están en la web y complementan este libro.

A Carlos, por los momentos de *coworking* y los paisajes sonoros.

A Montse B., por todo lo que has compartido y he aprendido contigo.

A Ezequiel, por su profesionalidad, amistad y apoyo en la web.

A Gabriel, por tu generosidad y el tiempo que has dedicado a este libro.

A todos los que participasteis en el estudio sobre patologías digestivas: Natalia, Gianpiero, Estrella, María D., Marzia, María Luisa, Carol, Marisa M., María R., Elena, María Dolores, Marisa A., Carlos, Cristina, Judit y Gemma.

A Carolina S., por tu generosidad y apoyo en la última fase del proyecto.

A todos los que en el día a día me habéis apoyado y estáis cerca: Laura S., Marina, David, Iliana, Sandra, Marzia, Ana, María D., Late, Ane, Laura H., Paula T., Bea E., Paz...

A todas las personas que venís a la consulta, clases y cursos, porque me enseñáis y aprendo cada día. Especialmente a Ana S. R., que fuiste una de las primeras personas que sentí que confiaban en mí; llevo tu sonrisa grabada en el corazón y estoy segura de que nos iluminas desde lo más alto.

A todas las experiencias, buenas o malas, que me han hecho convertirme en la persona que soy y me han acompañado mientras escribía este libro.

¡Gracias!

Bibliografía

Aïvanhov, Omraam Mikhael (1991). *El yoga de la alimentación*. Barcelona, España: Prosveta.

Albers, Susan (2019). *Mindfulness y alimentación*. Barcelona, España: Planeta.

Arranga, Viadro y Underwood (2013). *Bugs, bowels, and behavior*. Nueva York, EUA: Skyhorse Publishing.

Bradford, Montse (2017). *La alimentación natural y energética*, 2ª ed. Barcelona, España: Océano Ambar.

Cidón, Dr. (2014). *Toxinas zero*. Madrid, España: La Salud, Naturalmente.

De la Calle, M. y Armijo, O. (2016). *La dieta de la fertilidad y el embarazo*. Córdoba, España: Almuzara.

Enders, Giulia (2015). *La digestión es la cuestión*. Barcelona, España: Urano.

Gershon, Michael D. (1999). *The second brain*. Nueva York, EUA: Harper Perennial.

Hirschi, Gertrud (1999). *Mudras: el poder del yoga en tus manos*. Barcelona, España: Urano.

Ludwig, David (2017). *¡Siempre tengo hambre!* Barcelona, España: Timun Mas.

Matveikova, Irina (2011). *Inteligencia digestiva*. Madrid, España: La Esfera de los Libros.

Perlmutter, David (2016). *Alimenta tu cerebro*. España: Grijalbo.

Rapley, Gill (2012). *El niño ya come solo*. Barcelona, España: Medici.

Roth, Geneen (1995). *Cómo superar la adicción a la comida*. Barcelona, España: Urano.

Roth, Geneen (2014). *Cuando la comida sustituye al amor*. Barcelona, España: Urano.

Sonnenburg, J. y Sonnenburg, E. (2016). *El intestino feliz*. Aguilar, Penguin Random House Grupo Editorial.